『男はつらいよ』、もう一つのルーツ

ポピュリズム映画考

吉村英夫
Yoshimura Hideo

大月書店

★ポピュリズム【populism】①一般大衆の考え方・感情・要求を代弁しているという政治上の主張・運動。これを具現する人々をポピュリストという。②③省略

★ポピュリスム【populisme フランス】一九二九年以後、フランスで貧しい民衆の生活を誠実に暖かく描く傾向の文学。CLフィリップの流れを汲む。代表作家はダビ。

（『広辞苑　第七版』岩波書店　二〇一八）

はじめに

本書は、日本映画史を考察するにあたって見過ごされがちな「民衆の生活を誠実に暖かく描く」系譜の一つを探ることをめざすものである。

『男はつらいよ』、もう一つのルーツ ……………… maintitle（メインタイトル）
ポピュリズム映画考 ……………………………… subtitle（サブタイトル）

ポピュリズムは、「俗に、大衆に迎合するような政治姿勢をいう」（『日本国語大辞典 第二版』小学館 二〇〇一）とも辞書にあったりして、事実、その否定的意味合いで使われていることが圧倒的に多い。だが、ポピュリズムのフランス語は「ポピュリスム populisme」であり、仏和辞典には、「大衆（迎合）主義、人民主義」という意味とともに、文学分野で、「一九三〇年代庶民の描写をめざした文学・芸術の流派」とある（『クラウン仏和辞典 第七版』三省堂 二〇一五）。この流派はプロレタリア文学とは一線を画しているが、民衆とともにあるという主張をもち、大衆迎合的イメージとはむしろ逆の方向性をもつ。

さらにもっとストレートに「ポピュリスト・コメディ」という映画分野が、アメリカ映画史に存在することに注目しなければならない。ここでの「ポピュリスト」は、大衆迎合という否定的概念ではなく、それとは逆に、「金や権力をもつ少数の」「悪賢い人間と対決する」「自立した一般庶民」といった民主主義昂揚的意味をもっている。代表的なフランク・キャプラ『スミス都へ行く』(一九三九)などを見直してみたい。

『男はつらいよ』の第一作は一九六九年であるが、その二年前に山田洋次は、『愛の讃歌』(一九六七)を発表する。フランスのマルセル・パニョル戯曲『ファニー』(一九三一)が原作で、それはクレジットタイトルに明記されている。パニョル戯曲は、「ポピュリスム」の文学としてフランス文学史に位置づけられているものであるが、そのパニョル戯曲が、実は『男はつらいよ』の原点的な位置を占めるものであると、新しい世紀になる頃から山田洋次は少しずつ語りはじめたのである。寅次郎とさくらは、実はフランス戯曲の男女主人公と重なるのだと。そして主人公を取り巻くマルセイユ下町の人々は、葛飾柴又の人々にも重なるのだと。本書では、そのフランス戯曲と、当時つくられたフランスでの映画化作品をひもとき、この異国の愛の物語が、いかに『男はつらいよ』につながるのか、なぜ寅やさくらの原型となるのかを考えてみたい。数ある『男はつらいよ』論の中で、まだ本格的な追究がなされていない分野である。

山田洋次が、日本映画史上ひときわ大きな山をなしていることに疑う余地はない。山田が『男はつらいよ』に車寅次郎を登場させたことで、真に新しい質の喜劇映画ジャンルが、この国に誕生したといえよう。山田映画は、民衆的、民主的な基盤をもちながらも、プロレタリア芸術（映画）とは明確に一線を画する。だが同時に、観客に迎合的である雰囲気がなきにしもあらずとも評されてきた。本書では、山田映画が、フランスで民衆的基盤をもったパニョル文学の流れを汲んでいることも確認しつつ、山田が「商売にならなくちゃいけない」という「商業的要素」を、いわば逆手にとって、「大衆にわかってもらえる」「やはり楽しい作品をつくろうと精進していく様子を浮かび上がらせたい。

反戦をストレートに叫ばない反戦映画『雲ながるる果てに』（一九五三）で名をなした家城巳代治《いえきみよじ》は、続いて、民衆的視点をもちつつ叙情が匂い立つ青春を描いたポピュリズム映画の秀作『姉妹』（一九五五）を発表する。本書は家城の代表作『異母兄弟』（一九五七）なども検討しつつ、あまり知られていない彼の「戦争責任論」にも光を当てる。

そして小津安二郎。良くも悪くもおよそポピュリズムとは無縁にわが道を行くと思われる「世界のＯＺＵ」である。だが、戦前には貧しい人々に寄り添った「小市民映画」をつくっており、そのことは小津が根源的には民衆的「ポピュリズム」の徒であったことを意味するのではないかと提起をしたい。『一人息子』(一九三六)などを検討する。

小津から松竹出身の家城を経て山田へ至る系譜が、ストレートにではないが成立するのではないか。

さらに、映画を観ながら生涯を送ってきた私が、来し方を思いつつ、日本映画を牽引してきた小津と黒澤明の映画史における対照的な位置と役割を考察しようと考えた。山田洋次にもつながっていく。そこで得た私の映画と社会を見る眼についても書きおく仕儀になった。

最後に、「付論 『東京物語』と競輪」を加えた。小津安二郎が公営ギャンブルの競輪賭博に夢中になった時期がある。それが、傑作『東京物語』のシナリオ執筆時なのである。小津日記を再読して気がついたが、世界映画史に輝く映画が生まれるときに、小津にはもう一つの顔とドラマがあったのを知って私は驚いた。深い考察ではないが、あえて本書に収録した。

目次

第Ⅲ部　山田洋次――『男はつらいよ』のルーツはフランス戯曲

第I部
ポピュリズムについて

ウジェーヌ・ダビ（1898−1936）

第1章　ポピュリズムとポピュリスム

1　フィリップ『小さな町にて』とダビ『北ホテル』

文学史でポピュリスムの「祖」とされる文人が、フランスのシャルル＝ルイ・フィリップである。一八七四〜一九〇九。パリの市役所に現業職員として勤め、「貧窮にあえぎつつ、ようやく爛熟に向かう資本主義社会にあってまったく顧みられない貧民層に共感、……素朴にしてみずみずしい生活文学を創造」した（『世界文学小辞典』新潮社　一九六六、執筆者は淀野隆三）。

フィリップの「小さな町」（一八八八）という小文を引用しておこう。

「私は……、ほんとうに小さな家に生まれた。小さな町というものは子供たちのために造られたやうに思はれる。先ず第一に、小さな町では子供たちが車馬の心配なしに遊べるからだ。第二に、田園に近いといふことが町の空気を非常に良くするから。そして最後に、眼を遊ばすものがさうたくさんないところから、いきほい魂は夢みがちに、また非常に和かになるからである。……われわれは物陰で静かに己が生業《なりはい》に勤《いそ》しみ、人びとと取引きする。或る日われわれは恋し、夫となり、妻となる。……それからわれわれは己が生活の道を歩みつづけ、そしてとある日墓場に辿り着くのである。……私の小さな町の住民は、ブルジョアから構成されてゐた参事会を職人から構成された参事会に替へることによつて、彼らの進歩思想を示したのだ」

（淀野隆三訳『小さな町にて』岩波文庫　一九三五）

市井でささやかに生きている人たちの小さな幸せや、ささやかな誇らしさが活写されていて微笑《ほほえ》ましい。「ブルジョア」より「職人」への肩入れに、しかも地方自治的雰囲気もあって、民衆派の文学者の矜持が彷彿とする。彼の最期の言葉は「美しい！　美しい！」であったという。

『北ホテル』は、ウジェーヌ・ダビが一九二九年にフランスで刊行した中編小説である。それが「第一回ポピュリスト賞」を獲って、一躍注目されることになった。「第一回」とあるから、新しい文学の流れなり台頭があって、その代表として評価されたという意味をもつであろう。

サンマルタン運河に面して建てられた北ホテルに投宿している人、そこで働く人々の実態が描かれる。「準下層」の人々がめまぐるしく登場しては去っていく。中心となるストーリーなり人物像はない。全三五章の「掌編小説」ともいえよう。数年を経て、パリの市街化計画で鉄道も敷かれることになり、北ホテルは買収され取り壊しとなる。

　このラストだけがいささかの感傷を帯び、そこから暖かさもにじみ出るといえようか。取り壊されたホテルの跡地に立った夫婦。余韻があって、読了感に重みを与えるといってよい。「ルヰズは、口を利かない。〈どうして、ここに北ホテルが、あつたと思へるだらう。……なんにも残つてやしない。写真さえ撮つておかなかった〉。彼女は、眼を落す。灰色の壁に窓のある、四階建、昔の住居を、彼女は一所懸命に、目の前に浮べようとする。彼女の知らない、ずつと昔の、水夫達の木賃宿だつたといふ、北ホテルの姿までも」（岩田豊雄訳　三笠書房　一九五二）

　ここには、プロレタリア文学的な視点も、まずはないといってよい。確かにこの小説には、レーニン、ユマニテ（仏共産党機関紙）、資本論、仏社会党ジャン・ジョーレスといった人名や言葉が散在する。「俺はね、サンジカリスト・ソシァリストなんだよ」「俺は地上の一市民だ。同志太陽は、誰の上にも輝いてくれる」「メーデーに参加する」「大勢が、インターナショナルを歌つている。どよめきが大きくなる」。だが、社会主義的なものへの多大なる共鳴があるとは思えない。

　ただし、ダビに関してこんな記述があることは記しておこう。ソヴィエトの代表的作家マクシム・ゴーリキーが一九三六年に死去したときである。有名な戯曲『どん底』はソヴィエトの文学作品であり、社会主義リアリズムの範とされる。貧しい人々は「どん底」生活でも、その尊厳をかけて生きていく。私自身も「人間、すばらしい響きだ」といった台詞に感動して「俳優座」だったかの芝居を観た記憶がある。『どん底』は、フランスではシャルル・スパークのシナリオで、巨匠ジャン・ルノアールが演出し、ジャン・ギャバン、ルイ・ジュヴェが主演した名作映画がある。日本でも黒澤明が、三船敏郎、山田五十鈴、香川京子の出演で、舞台を江戸時代に設定して映画化しているから、映画史でも重要である。そのゴーリキーの葬儀（国葬）にダビは、アンドレ・ジッドとともに参列した。中田耕治は『ルイ・ジュヴェとその時代』（作品社　二〇〇〇）で、次のように叙している。「ジッドはモスクワに飛び、国葬に参列する。赤の広場で行われたゴーリキー追悼の演説で〈自分の精神のなかで、文化の運命をソヴィエトの運命そのものにむすびつけている〉と語り、どんな事態にあってもソヴィエトを擁護するだろうと語る。だが、ロシアの現実を知ったジッドは、ソヴィエト共産党のかかげる理想があまりにも現実とちがっていることに気がついた。スターリンはすさまじい粛清によって共産党を支配し、独裁者としてみずからを神格化しはじめている。ジッドはスターリンの恐怖政治に気がつく。作家ユージェーヌ・ダビは、ジッドとともにロシアを訪問した。ソヴィエトの旅は、ダビにも深い失望をあたえた。彼もスターリンの粛清を知って、どんな理想もそのために人のいのちを犠牲にする価値はない、と思う」。さらに中田はダビについて次のような一節を書き記している。「ダビは……モスクワを訪問し、……猩紅熱《しょうこう》にかかり三十八歳で客死した民衆派作家《ポピュリスト》だった」

二〇世紀中葉に世界中で親しまれた名作恋愛小説『狭き門』の作者アンドレ・ジッドは共産主義者ではないが、彼がソヴィエトの共産主義にある時期まで好意的であったことは文学史の事実である。ダビの思想についての資料は日本ではほとんどないが、中田の記述を見るかぎり、わざわざ共産党が主催するゴーリキーの「国葬」に参加するのだから、社会主義の理想に対する一定の好感はもっていたのは確かだろう。しかし、スターリンのやり方に期待を裏切られて幻滅する。ダビは中田も言うようにやはり、述べてきたポピュリスムの範疇の文学者であったとしてよいだろう。

2　マルセル・カルネの映画『北ホテル』

なぜダビが本書で重要かといえば、『北ホテル』が、一九三八年にマルセル・カルネによって映画化されているからである。飯島正は一九五〇年に著した『フランス映画史』（白水社）で、この映画を批判も含めて紹介している。さらに飯島はこの書に曰く、「『北ホテル』は、ポピュリスト賞をとったウウジェヌ・ダビの小説を映画化したものである。ポピュリスム（populisme）の文学とは、名詮自性《みょうせんじしょう》民衆の生活をえがく文学であるが、いわゆるプロレタリアの文学とはちがい、政治的な階級観念や階級闘争の主張をもたない。プロレタリアの生活を、特にみにくくもうつくしくもえがかず、愛をもってその真実をあらわすことを目的としている。

ダビの『北ホテル』はその代表作だが、その後、この文学は流派としてはふるわなかった。……はじめに橋があり、おわりに橋があり、橋をおりた二人が最後に橋をのぼる」。「はじめに橋があり、……最後に橋をのぼる」は、映画における初めと終わりのほぼ同じ構図でのすばらしいショットを言っているのだが、この引用部で飯島はポピュリスムの何たるかを簡潔に説明している。飯島が書いているこの部分を思い出さなければ、私は本書を書くことを思いつかなかったかもしれない。「ポピュリスム」を飯島の書で教えられ、二一世紀になって政治用語として飛び交うのを驚きをもって知り、飯島のカルネ論を思い出した。映画『北ホテル』を再見し、本書執筆の契機となった。

飯島は、カルネ『北ホテル』の前作『霧の波止場』（一九三八）を高く評価し、カルネが「本来もっているものを、一作の完全さに具体化したこの映画は、彼の作品史上、一つの記念すべきマイルストウンをなすものだ……」としていて、次作『北ホテル』の評言は、いささか意気が上がらない。「この映画は雰囲気の映画である点では、『霧の波止場』と同列である。しかし、雰囲気の性質は、かなりちがう。この方がずっとあかるい。登場人物も、『霧の波止場』のように、絶望的ではない。……（『北ホテル』における）ジュヴェ、アルレッティの二人の生活のシニックな描写は、カルネ本来のものとして、やはりぼくはこの映画の圧巻であるとおもっている。……なんといっても、『北ホテル』は、一個の作品として独立に見るときには、立派な佳作である」。飯島の評価は、宿命ドラマともいえる秀作『霧の波止場』への愛着が強く、『北ホテル』をどう評すべきかわからぬといった雰囲気があり、歯切れが悪いが、それなりに評価すべき作品だとしているのは確かである。名優ルイ・ジュヴェ、アルレッティの共演というだけで、戦前フランス映画のファンは胸踊らせるところもある。事実、ジュヴェは圧巻。

正直なところ、フィリップや『北ホテル』を読んでも、映画『北ホテル』を観ても、そこからポピュリスムがどのようなものであるかをつかむことはできにくい。大衆追随主義などというものとは無縁だが、そのことが「民衆の生活を誠実に暖かく描く」ことを意味するとはならないだろう。その日暮らしに近い人々が、「北ホテル」を半ばアパートのようにして、そこから働きに出る貧しい人たちがいて、食事のときには三々五々、レストランとはいえないようなテーブルに集まってきて、かまびすしく思い思いのことを喋っている。だが、次の日には何人かがいなくなり、何人かが新しく入ってきて食事をしている。映画では殺人があって、下町の人情話というか、愛情のもつれのような事件なのであるが、それがポピュリスムとどう関わるのかは不明、といった程度のものである。本書の主題であるポピュリスムとは何かといった思いはほとんど出てこない。

第2章　フランク・キャプラのポピュリスト・コメディ

1　『オペラハット』（一九三六）

アメリカ映画分野に飛ぶ。フランク・キャプラの『オペラハット』、『スミス都へ行く』（一九三九）は、一九三〇年代のニューディール期アメリカ映画の傑作である。大衆迎合主義に陥らずに、毅然と民衆に寄り添う姿勢を堅持している。「人民主義」との言い方は二一世紀日本では馴染みがないが、真の民主主義的な記念碑的作品であろう。

『世界映画大事典』（二〇〇八年　日本図書センター）の項には、「シチュエーション・コメディ」「スクリューボール・コメディ」「スラップスティック・コメディ」「ソフィスティケイティッド・コメディ」等に並んで「ポピュリスト・コメディ（Populist Comedy）」がある。「人民喜劇。ポピュリズムの概念、哲学を賞揚するアメリカの喜劇映画のこと。一九三〇年代に登場した。ただし、この場合のポピュリズムには、大衆迎合のような否定的な意味合いは含まれない。

ポピュリズムの概念、哲学によれば、正しい社会の基本となるのは自立した一般庶民たちだが、そういった大多数の人々の意志や願いが二〇世紀のアメリカでは金や権力をもつ少数のエリートの横暴により脅威を受けているとされている。このことを反映する表現としてポピュリスト・コメディでは、しばしば都会と田舎町が対比され、前者が後者を脅かす存在と描写される。主人公は田舎街の出身者で、都会の悪賢い人間と対決することとなる。典型的な作品に『オペラ・ハット』Mr.Deeds Goes to Town.、『スミス都へ行く』Mr.Smith Goes to Washington.などがある。（濱口幸一）」

ポピュリズムという概念が、映画史と連結したものとしてあること、すなわちフランス文学史・映画史の『北ホテル』関連以外にもあることを、『世界映画大事典』で確認し、キャプラ喜劇を再見することで、その真意を知ることにしよう。

まずは、『オペラハット』。田舎町の小さな自営業の素朴な青年ディーズ（ゲイリー・クーパー）は、ある日突然、膨大な叔父の遺産が入ってきて、何が何だかわからないままにニューヨークに出てきて大邸宅の主になる。だが財産に無関心な彼はカネに執着がない。新聞記者ベイブ（ジーン・アーサー）に導かれて、あれこれの誘惑に打ち勝ち、全財産を多くの貧しい農民に与えてしまう。カネはなくなったが、彼はすばらしい伴侶ベイブを得ることができた。まずはハッピーエンド。

後述の『スミス都へ行く』もそうだが、映画冒頭からのスピーディで簡潔な展開がみずみずしい。明らかに一九二九年に始まるアメリカの大不況時代に苦しんでいる民衆の側に立っての国家再建の一翼を担っている。その意味では国策的な側面もあろう。だが国策自体がそれなりに民主的であり、進歩的であり、人民的であった。ニューディール時代は、大統領フランクリン・ルーズベルトに指導されての、支配の側からの「新しい＝ニュー（New）」、「巻き返し＝ディール（Deal）」の進歩的・民主的国家建設運動でもあった。失業者の就労を兼ねてテネシー川に多目的ダムをつくったりして、流域を総合開発した。そんな時代を反映した映画だから、アメリカ国民にとっては、復興するには政府に後押しされての方向しかなかったといえよう。アメリカ共産党員も増え、民主勢力はニューディールを支えた。余分を記せば、共産党が伸張したことが、第二次大戦後の「マッカーシズム」による、共産党を含む民主勢力つぶしにつながる。

二一世紀になっての二〇一六年と二〇二〇年、アメリカ民主党のバーニー・サンダース上院議員が、公然と社会民主主義を唱えて大統領選への出馬を表明して世界が注視した。アメリカでも「社会主義」という言葉と政策が受け入れられる日が来たのであり、八〇年以上前のニューディール時代を想起せずにはいられない。資本主義の本家本元でさえ、新自由主義的な格差社会体制ではやっていけなくなっているし、地球や人類の存続の危機的状況をも招来するとの危惧が現実性を帯びてきているということだろう。

『オペラハット』には、大金持ちになったディーズに、貧農が直訴するシーンがあるが、農民の言い分は、字幕では次のとおり。「大勢の人間が飢えてるのに、宴会に消費しやがって。そのカネで何家族が食えるか考えてみろ。俺の怒りをぶちまけてやる。馬にドーナツを食わせて、そんなに楽しいか。なぜ人間に食わせようとはしないのか。俺の望みは女房・子供の食い物と農業の仕事だ。飢えて、施しを受ける者の身にもなってみろ。家族さえ食わせてやれない。二〇年も働いた農場を失って、子供が腹をすかせている。女房はなぐさめてくれるが、どうにもならん。施しの列に並ぶのは死ぬほどつらい。屈辱だ。死んだほうがましだ」。それを聞いたディーズは、八〇万ドルを放出し、大農地も一〇エーカーずつに分割して貧農たちに与えてしまう。

監督のキャプラは言う。「ディーズは社会格差、不平等に対する怒りのシンボルである。正義、機知、そして勇気を武器に、庶民を食い物にする人々を糾弾したのだ。観客は笑っただけではなく、人間の威厳と神聖さのために戦う闘士に喝采を贈った」（井上篤夫『素晴らしき哉、フランク・キャプラ』集英社新書　二〇一一）。この作品を含めて「コロンビア映画」でキャプラの一二作品のシナリオを手がけたロバート・リスキンの貢献も忘れてはならないが、キャプラ的理想主義では全農民の窮状は救済されない。これは有島武郎による北海道の所有農地解放に近い発想だろう。だが映画は、消費社会の都市より、生産拠点の農村・農民に軍配を上げる。楽天的すぎるが、そこがキャプラ映画の魅力でもある。『スミス都へ行く』でも「都市対農村」は、農村の勝利となる。

飛躍するが、一九五〇年代の日本映画の良心的作品のいくつかには、「都市対農村」の対比が意識されている。田坂具隆『女中ッ子』（日活　一九五五）が典型的だが、東京（世田谷が中心舞台）の社会が、秋田から出て来た「女中」（左幸子）を貧しい階層であるとして見下し、それを是としている。だが秋田のシーンでは、都会的豊かさはないものの、人と人との関係はつつましいながらも暖かく、「田舎」の優位性を強調している。都会人が田舎を訪れて、田舎のすばらしさを実感しても、東京へ帰ると元の木阿弥、やはり都市は農村から収奪している現実がある。いわば東日本大震災の「福島」（地方）は、「東京」（大都市）に従属させられているということと同じなのではないか。

高度成長に入る以前は、都市と農村のバランスがとれており、地方や農村の優位性もあった。この年の日本映画を総括して永戸《えいと》俊雄（この名前は本書の後半に頻出するので記憶していただきたい）は「戦後十年にして、日本映画は立直り、退歩の惰性を振り切って、前進の躍動を示した。……水準が目立って上昇した。これは誰もが認めざるを得ない事実であり」（「キネ旬」No.１３７）と書いている。これは、『キネマ旬報』（以下、「キネ旬」）の一九五〇年復刊第一号巻頭言が「私たちは映画を愛する。そして敗戦したが民主々義国家として生れた日本を、愛することにおいても人後に落ちるものではない。またこの幼い民主々義国家が作る日本映画も愛したい気持ちでいっぱいである」と宣言したことの途中経過的勝利宣言でもあろう。今にして付け加えれば、この地方主義が一九五〇年代の日本映画黄金期における大きな特徴であり収穫であることは確認しておくべきであろう。だが数年後には脇に追いやられて、軽薄な都会派映画が主流になり、テレビの登場によって日本映画の後退と退廃が同時進行し、底なしの衰退に陥っていく。この「中央」と「地方」という視点は、二〇一一年の東日本大震災あたりで見直されるが、それは建前であって、実態はますますの格差拡大であり、地方の中央への従属であり疲弊である。東日本を舞台にした作品は多く創られ、作り手たちの思いは熱くとも、その実、地方は蘇ることができていないのが現状なのではないか。

山田洋次は、決定的に都市の時代になった一九六〇年代からの高度成長期において、『男はつらいよ』で都市と地方を対照的に描き、そして明確に地方に与《くみ》して、鄙《ひな》こそが中央に勝るとする姿勢を、大震災よりはるか以前に示した数少ない映画人である。『下町の太陽』（一九六三）を嚆矢として、山田作品『家族』『故郷』『同胞』も、「大きなもの」と「都会的なもの」は同義であり、「大」や「東京（柴又などの下町ではない中央）」への疑問を呈する姿勢は明確である。別の言い方をすれば、「大」に対する「小」の意地を、山田洋次は生涯をかけて描きつづけているといってもよいだろう。

2　『スミス都へ行く』（一九三九）

フランク・キャプラの頂点は『スミス都へ行く』である。大恐慌時におけるアメリカのピンチを反映して、民主主義を守ることがアメリカの再生であると考えたキャプラが、アメリカはどうあるべきかを描いた作品で、みごとなポピュリスト・コメディとして結晶した。大衆迎合ではなく、名もなきシチズン（citizen）こそが社会の中心に座るとする人民主義の宣言である。前掲井上著も、本作は「キャプラが自伝で言う〈最高傑作〉となった」と書いている。

「キャプラ得意のアメリカン・フリーダムと議会制民主主義を謳歌する政治ドラマ」とする『決定版　名作外国映画コレクション1001』（田山力哉ほか　講談社＋α文庫　一九九四）から梗概《こうがい》をいただく。「上院議員が急死。食いものにしてきた財界人や同僚議員は、正義感のかたまりみたいな青年スミス（ジェームズ・スチュアート）を後がまに据え、甘い汁をすすろうとしたら裏目に出て、ワシントンを正義の象徴と考えるスミスは純情一徹に行動する。驚いた連中は寄ってたかって失脚工作をはじめると、スミスは自分の取り巻きである彼らのダム建設法案の不正を見抜いて反対。二十四時間連続、必死の大演説をぶって通過を阻止する。スミスというもっとも平凡な名前にアメリカ人を代表させ、スチュアートは生涯の頂点をなす素晴らしい演技をみせた」

『オペラハット』と同じく、簡明で軽快なオープニングである。このような映画的感性の良さもキャプラ映画の魅力なのだ。「フォリー議員が死んだ」ということで、あやしげなダム工事を企んでいるボスの一人ペイン上院議員は、自分たちの手のひらで踊るような青年政治家を後釜に探し出す。それがスミスである。ペインはスミスの亡き父親の親友で、昔はスミスの父と理想を語り合った仲だったが、今は堕落した金権政治屋に成り下がっている。

　ペインがスミスをけしかける。「新聞記者だった君の父は節を曲げない人で、常に失われた大義のために闘った。最後の闘いは特にみごとだった。ある個人の権利を守るために大資本と闘った。敵は買収、恐喝とあらゆる手を使った。そして背後から撃たれて殺された」。スミスは心動かされ、議員となって首都ワシントンに乗り込む。最初に訪れたのはアメリカ民主主義の象徴であるリンカーン記念館。スミスはそこでリンカーンのゲティスバーグでの有名な演説を確認する。

「名誉ある死者が、そのすべてを捧げた大義に、我々は誓う。その死は無駄ではない。神の加護のもと、この国に誕生した自由と、人民の、人民による、人民のための政治は不滅である。地上から滅びることはない！」この文章を読み上げるのはスミスの横にいた少年である。そう、キャプラは自作で、アメリカの理想を、若い政治家スミスよりもさらに幼い子どもにも託している。

　スミスは愚直にも初心を貫徹する。その爆発がラストの二四時間にわたる国会での演説。演説をしている間は採決ができないので、悪徳議員たちは多数決で悪法を成立させることができない。スミスは演説の中でも少年たちに夢を語る。「すべての少年の心の中に蘇らせるんだ。……〈自由の国〉の意味は、本を読んでも忘れてしまう。大人はなおさらだ。自由はこの上なく貴重なものだ。祖先の持てなかった言論と思想の自由。それを我々が持ち、子孫が持つ意味を認識すべきだ。少年にはそれが必要だ」。キャプラは地方とともに若さに依拠する姿勢を隠さない。

スミスは死ぬまで訴えつづけるかもしれない。ついにペインは、自分の野心が敗北したことを認める。民主主義への限りない信頼は、醜い現実より強かった。スミスの勝利。同時に彼を支えた女性新聞記者（ジーン・アーサー）との恋の成就でもある。スミスが終始正義を貫き、真っ正直に邁進し、軽さも含めてラスト二〇分余の民主主義擁護大演説にもっていくキャプラの演出は、まさにキャプラタッチが到達した最高のものである。滋野辰彦は『アメリカ映画200』（「キネ旬」増刊　一九八二）で次のように記している。「キャプラは、馬鹿正直な田舎者に勝利を与えた。そこにはアメリカの政治が、たとい汚れることがあっても、デモクラシーの精神が再登場し、政治と社会と国民を浄化し、自由と平等を守る道へ引きもどすことを信ずる心があるからである」

コロンビア映画『スミス都へ行く』の日本公開は一九四一年一〇月一五日である。「日米の国交は、ついに最後的事態に突入した。日本はこの年一二月八日未明を期して、対米英宣戦布告とともに、決戦の火蓋を切った。アメリカ映画は一二月七日限りで全国の興行市場から姿を消し、アメリカ映画商社は閉鎖を命ぜられた」（田中純一郎『日本映画発達史Ⅲ』中公文庫　一九七六）。間一髪のセーフで、軍国主義日本で公開された『スミス都へ行く』が、民主主義万歳の映画だったことは、日本の支配者の「頭隠して尻隠さず」的なまぬけぶりを露呈してもいる。『スミス都へ行く』のシナリオを書いたのは、アメリカ共産党員シドニー・バックマンだったことは、むろん日本の為政者は知るよしもないが（私も前掲井上著で知って驚いたのだが）、歴史の皮肉ではある。さらに田中によると松竹系の邦楽座その他での封切りは「興行も相当の成功であった」（前掲書）という。これもなんともアイロニカルである。フランスは日米開戦期すでにドイツの手に落ちていたから、真珠湾以後もフランス映画は日本のスクリーンに映されたが、ルネ・クレールの秀作喜劇『ル・ミリオン』は一九四二年になっても上映されており、「アメリカでもフランスでもドイツでも、きつと見物が顎が痛くなるほど笑つて笑つて笑い抜き、素敵な傑作」（『伊勢新聞』）と、ローカル新聞の広告が残っている。米仏独日が同一目線で並べられている。治安維持法下でも市民・庶民はしたたかに生きていた側面を忘れてはいけない。いや、彼らは臣民といわれたものの、みんながみんな戦争を望んでいたのではなかったといってよかろう。

3　山田洋次のキャプラ論

井上篤夫の前掲書には山田洋次の序文がついていて、山田がキャプラをどう観ているかがわかる。その中で山田は宇野重吉から聞いた話を紹介している。一九四一年、日本がアメリカに対して無謀な戦争をしかける直前、ファシズム下の暗い時代に、演劇活動も制限されて、「もう死のう」と思って死ぬ前に一本映画を観ようと思って、街に出て観たのが『スミス都へ行く』だったという。だが「見るうちになんだか身体の中に活力が湧いてきて、死ぬ気持ちが遠ざかった。もうちょっと生きていこう。死ぬことはないと思うようになり、自殺を止めた」のだという。

山田は言う。「〈あまりにも楽観主義じゃないか〉という反論もあるでしょうが、でも、楽観主義が物事を動かしていくこともあるのではないでしょうか。悲観する材料はいっぱいある、悲観するのはある意味そんな難しいことじゃない。絶望することも簡単です。むしろ楽観することは大変なことなのです。でも楽観しなきゃ人間は生きていけないし、〈何とかなるさ〉という思いがなければ困難な状況を変えていく努力もできないですよね。『幸福の黄色いハンカチ』のエンディングもそうです。結末は大体予測した通りなんです。でも、……夫婦があれからずっと幸せに生きていく保証はない。現実にはまだ何があるかわからない。あの二人の人生には〈ハッピーエンド〉の後にとんでもないことがいっぱい待ち受けているわけで……あの夫婦にはああいう幸福な一瞬があったということ。それが重要なのです。そして、その一瞬を演出する〈映画の嘘〉というのは、フランク・キャプラの作品の特徴であり魅力なのだと言えます。ぼくはそういう〈嘘〉が人間に、生きる力を与えてくれる映画の楽しさ、面白さではないかと思うし、キャプラ映画は、まさにその力を秘めていたのではないでしょうか」

山田洋次の楽天性はキャプラ映画の楽天性に似ているともいえる。その楽天性は、大衆に迎合するということにすれすれと言えるかもしれない。だが、同時に、自殺を止めさせるような強さも秘めているといえよう。「悲観」や「絶望」や「困難な状況」がいっぱいある現実なのである。そんな中で、「映画の嘘」が、「生きる力を与えてくれる」のだと山田は言っている。山田映画の明るさや楽天性は、「大衆に迎合」しているのではない。キャプラ映画もそういう力をもっている、と言っている。それが大衆に寄り添うということなのだろう。山田は最新作『キネマの神様』（二〇二一）で、宮本信子と小林稔侍に、好きな映画は「フランク・キャプラとか」「ほう、『スミス都へ行く』の」といった台詞を交わさせている。

4　フランク・キャプラの高揚と没落

一九四二年、キャプラは陸軍の映画班将校（最終的には大佐）として入隊し、ヨーロッパにも渡り、第二次世界大戦を戦う。戦意高揚の記録映画をつくる。ファシズムに対抗しての民主主義擁護でもある。ジョン・フォードもウィリアム・ワイラーもジョン・ヒューストン、ジョン・スタージェスも、映画監督として従軍し記録映画をつくる。フォードは将軍にまでなり、ワイラーは戦闘機に乗ってカメラをまわした。彼は搭乗中の風圧で、片方の耳が聞こえなくなる。ワイラーには戦闘的左派の若いレスター・コーニッグやイアン・マクレラン・ハンターが第二次大戦期から常に付き添っていた事実も忘れてはならない。

後の「ハリウッド・テン」におけるコミュニストのダルトン・トランボでさえ、好戦的国策映画のシナリオを書いている。『ジョーという名の男』（一九四三）など数本である。『東京上空三十秒』（一九四四）のシナリオも書いている。東京を空襲する飛行士を英雄視する愛国映画である。八〇年近くを経た現在、爆撃機から果敢に日本本土に爆弾投下をするシーンを見ると、ある種のとまどいを感じるが、ともあれ彼らは反ファシズムで日本軍国主義と果敢に戦った。トランボは、ノン・クレジットではあるが、キャプラ『素晴らしき哉、人生！』（一九四六）の初稿脚本にも参加しているとされることも記しておこう（映画『トランボ——ハリウッドに最も嫌われた男』二〇一六年日本公開時試写会用パンフレットの年表　スターチャンネル）。

チャップリンはしきりに、ソヴィエトを援助せよ、ファシズムより社会主義・共産主義が優位なのだから、と米国民に呼びかけた。ソヴィエトは独ソ戦において一千万を超えるソ連兵の死者を出したとされる。連合国軍は独伊日に立ち向かい、アメリカは戦勝国になった。日本とアメリカとでは、国策に協力する意味は全く違った。彼らの政治に向き合う姿勢は明確であり、自覚的であった。そして、キャプラは戦勝後、ある種の英雄としてアメリカに戻ってくる。

戦前のキャプラでは、述べてきた二本以外では、男女のバス道中記である『或る夜の出来事』（一九三四）はヒロイン（クローデット・コルベール）の資産階級からの脱出という作品の骨格をもつことでポピュリスト喜劇的な秀作となっている。クラーク・ゲーブルが失業中の新聞記者をコミカルに演じているのも新鮮である。『ローマの休日』（一九五三）にまで影響していく秀作である。『我が家の楽園』（一九三八）はさすがに楽天的すぎるが、大資本家に対して堂々と対峙する市民層の一家が描かれ、金持ちのほうが貧しい家族に同調する結末になっている。『群衆』（一九四一）も市民目線の作品である。ゲイリー・クーパーに次のような台詞がある。無名の市民を代表しての声である。「我々は何が起きようと生き抜いてきた。自由に生き、時々は挫折しようとも、すぐ元気を取り戻す。自由な人間は甘いのか？　そんなことはない。自由な人間こそが社会の不正に立ち向かえる。多くの人は〈自分は小市民、何もできない〉と言う。だがそれは違う。なぜなら国家というのは、小市民の集まりだからだ。……弱者が歴史の担い手になる」。ポピュリズム宣言とでも言いたいようなキャプラとシナリオのロバート・リスキンの根幹的発言である。アメリカ民主主義を代表するシネアストとしての地位は確固たるものがあったとしてよい。『群衆』は、下手をすると「歴史の担い手」の「群衆」が地滑り的にファシズムに雪崩れ込んでしまうのではないかという一抹の心配の残る作品であることは記憶しておきたいのだが。

戦後、そのキャプラはウィリアム・ワイラー、ジョージ・スティーブンスとともに独立プロ「リバティ・フィルムズ」を設立する。彼らにはむろん進歩的映画人としての自負があり、大会社の意向に縛られない創作的自由を確保したかった。キャプラの戦後第一作は『素晴らしき哉、人生！』（一九四六）であり、彼の人生肯定的な姿勢が明確になるすぐれたファンタジーである。全米で支持もされた。だが自覚的民主主義者としてのキャプラはここまでであった。

早くも一九四六年頃からアメリカ支配層は反ソ反共を国是とし、ソヴィエトや共産主義国との間に「鉄のカーテン」ができたとして政策を大転換しはじめる。この国策に異を唱える者を容赦なく追放し、その最前線で反共政策の尖兵《せんぺい》となったのが「非米活動委員会」（ＨＵＡＣ）である。ここを拠点に、共産主義者とその同調者、さらには戦闘的民主主義者や反戦主義者の排除に狂奔《きょうほん》することになった。マッカーシズム、レッドパージであり、「赤狩り」である。中心的にねらわれたのが、映画によって世界の大衆に影響力をもつハリウッド。政治的意図として一言でくくれば「民主主義狩り」だと理解するのが妥当だろう。対抗して民主派の先頭に立ったのがウィリアム・ワイラー、ジョン・ヒューストン、フィリップ・ダンたちの「第一修正条項委員会」（思想信条、表現の自由を保障するアメリカ憲法を遵守する組織）である。だが、圧倒的な権力側とそれに媚びを売るハリウッドの映画資本の攻勢に瞬く間につぶされてしまう。ワイラーやヒューストンが民主派を裏切ったわけではなかったが、圧倒的なマッカーシズムの前に沈黙を余儀なくされてしまう。ダルトン・トランボは節を曲げずに下獄させられながらも徹底抗戦をする。

そんなときに抵抗派の中心であるトランボのシナリオ『ローマの休日』が密かにリバティ・フィルムズにまわってきた。だがキャプラは共産主義者トランボと組むのを恐れて演出を拒否する。結局はワイラーが、トランボの名前を出さない、海外（イタリア）に「逃亡」して映画を製作するとの条件で演出を引き受ける（詳細は拙著『ハリウッド「赤狩り」との闘い』大月書店　二〇一七）。

さて、トランボを拒否したキャプラである。大戦後のキャプラは急速に創造的力量を退化させていく。それは戦闘的民主主義者からの後退をも意味した。かつてキャプラは、『スミス都へ行く』のシナリオを書いたシドニー・バックマンとそのシナリオについて、次のように言っていた。「私が手にした脚本の中で最高のものの一つであり、名ゼリフを多数含んでいるものは、シドニー・バックマンのものだった。彼の書いたものではあったが、私の映画であり、彼の言葉というわけではなかった」「私が最高だったと思う脚本家は『スミス都へ行く』を書いた人物である。共産党員だった……共産党員であることは本人の口から聞いて知っていたが、そんなことはどうでもよかった」。ところがキャプラは変節する。「今日、私は『スミス都へ行く』のような映画を作ろうとは思わないであろう。なぜならば、大勢の登場人物たちが国家を侮辱する発言をしており、その品位を傷つけているからである。愛する者が血を流している時に、からかう気になどなれない」（前掲井上著）

一方ではバックマンの『スミス都へ行く』を絶賛し、他方では登場人物が「国家を侮辱する発言」をするようなシナリオを書いたライターとして否定的な評価をする。マッカーシズムの言論弾圧、赤狩りの肯定である。前掲井上著には、次のような推測的記述がされている。「エリア・カザン監督のように非米活動委員会（HUAC）に表立って協力した〈密告者〉もいたが、キャプラは審問会などの公の場に立たされることはなく、その結果世間の非難を浴びることもなかった。……そこにキャプラの〈赤狩りへの内密の協力〉があった」。「コミュニストの嫌疑をかけられることは、社会運動的な作品を送り出しつづけてきたキャプラのもっともおそれていた事態であったことは間違いない」

井上はさらに、キャプラの言葉として「私の作品のいくつかはたしかに〈共産主義〉臭い。だが、他の国々で作られていたものほどではない」を紹介したうえで、ハリウッド進歩派のキャサリン・ヘプバーンの言葉を記している。「彼は本物の〈古きよきアメリカ人〉でした。特定の支持政党を持たない、フェアな人間であり、自由を愛する人でした。アメリカ生まれの私達には当然のことでも（イタリアからの）移民の彼にはその真の価値がわかっていたのでしょう。彼の政治的信条は、言うなれば〈アメリカに住む喜び〉だったのです」

『ウエスト・サイド物語』（一九六一）のジェット団は、イタリア系移民であり、対立するプエルトリコ系のシャーク団ともども、アメリカ社会では被差別的階層であることを思い出せば、キャプラの背負っていたものがいかに重いものであったかを理解することができよう。キャプラは、ニューディールの「時代の児」ではあったが、時代を先導したルーズベルトには一度も投票していないという。その心を私は理解できないが――。このあたりでキャプラのことは締めるが、「ポピュリスト・コメディ」の傑作『オペラハット』や『スミス都へ行く』は、映画史のなかで燦然と光り輝いていることだけは確かである。

結局、ポピュリスト・コメディは、育たないまま第二次大戦は終わった。ウィリアム・ワイラーは『我等の生涯の最良の年』（一九四六）で、戦後のアメリカの民主主義はどうあるべきかを正統派ドラマとして描き、ある種の理想を語り、広島の原爆を初めて語ることもして、反核反戦平和をも盛り込み、映画の質の良さもあって大きな支持を得た。しかしこの映画がつくられたまさにその年、「鉄のカーテン」論などから、アメリカは早々と反ソ反共の体制に入っていくことになったため、ワイラーの後に続く者はほとんどなく、この流れの映画は消えた。そしてマッカーシズムによる赤狩りとなり、民主主義の先頭に立っていたアメリカ（映画）は冷戦の時代へと突入していく。

キャプラの伝記を含めたテレビの長編ドキュメント『フランク・キャプラのアメリカン・ドリーム』（一九九七）では、オリバー・ストーン、ロバート・アルトマン、リチャード・ドレイファスなどの進歩派がインタビューに応じていて、赤狩りにも触れているが、キャプラが赤狩りに協力したとはしていない。キャプラの所属したコロンビア映画が製作したものだからだろう。キャプラの長い晩年が映画人としては光が当たらないものだった事実は指摘している。

第Ⅱ部

家城巳代治小論

――その戦争責任論とも関わって

家城巳代治（1911–1976）

第3章　家城巳代治素描

1　家城巳代治の経歴

「だまされたとは何という恥ずかしい言葉であろう。もし私がだまされたとするならば、私はだました人間に何等の憎悪もない。唯々だまされた自分への嫌悪があるだけである。その愚かさ、その軽薄さ、何たる醜態であろう」（「映画芸術家の反省と自己革新に就て」一九四六年九月『戦後映画の出発』冬樹社より　一九七二）

映画監督の家城巳代治が、自己の戦争責任を刺した、痛烈な自己批判の言葉である。敗戦の翌一九四六年、伊丹万作が「多くの人が、今度の戦争でだまされていたと言う。……しかし……〈だまされるということ自体がすでに一つの悪である〉ことを主張したいのである。……だますものだけでは戦争は起らない」（「戦争責任者の問題」八月一五日発行『映画春秋』一九四六年創刊号）との提起をする。だますものとだまされるものをつないだのが「新聞報道の愚劣さや、ラジオのばかばかしさ」であるとのマスコミ批判があるのもあえて付け加えておこう。活字になった順序とは逆に、家城の発言は伊丹より早く公表されたものである。詳しくは後述する。
現時点で私は、家城の監督全二三作品中、約半分しか見ていない。だが、戦争責任をふまえての家城の真摯な、いや、真摯すぎることによる作品的瑕疵《かし》も見えてきたりして、家城の作家論への興味がさらに増した。不完全な作家論になることを承知のうえで、家城が戦後、再出発してからの軌跡をたどってみたい。私は一九五八年の『裸の太陽』を公開時に観て感銘を受け、『姉妹』で社会派の叙情にひたり、『異母兄弟』に戦慄を覚えた記憶などを頼りに、観られるだけの作品を再見しての家城論を記しておきたい。家城の本格的な作家論はないようであるが、家城を「忘れられた映画作家」にしてはいけない。

家城巳代治は、一九五〇年代の日本映画黄金期を支えた作家群の一人である。業界大手の松竹をレッドパージで追われ、表現の自由を求めて独立プロに拠った。作家性・思想性を堅持しつつも、公式的な左翼性に落ち込まず、誠実さや良心を堅持して、むしろ小さな世界、あるいは身近な生活者を、リアリズムを基調としつつもリリカルに描くことに気を配ったヒューマニズムの作家である。だから家城映画には、政治性はあっても党派的な色合いはほぼない。常に低い目線で、名もなく生きる人々を描きつづけてぶれることがなかった。市井の民に寄り添うという原初的意味での、民衆と共にありというポピュリスト家城の姿、および彼の抒情性をもった映像世界が浮かび上がってくるようにも思える。ここでは、家城の略歴、作風、人柄等を、いくつかの署名入り事典類から、重複的内容は避けて引用する。

「一九一一年九月一〇日、東京……に生まれる。……三五年弘前高校を出て四〇年東京帝国大学文学部美学科を卒業。〈学生時代、自分が視覚型の人間であることを自覚したこと〉から映画に志し、実兄が松竹の監督・五所平之助の縁戚と知り合いだったため五所の手引きで四〇年松竹大船撮影所助監督部に入る。渋谷実組に編入され、もっぱら五所と渋谷に師事する。四四年に監督昇進、第一作は『激流』。……森本薫の脚本だが、国策型以上には出ない凡作であった。……〈日本の若者の青春〉を終始えがきつづけたという点で一つの節を通した日本映画には貴重な存在であったということができるし、リアリズムを基調にしながら、優しい抒情性と誠実さあふれるヒューマニズムをたたえたその作風はまた彼の人間性そのものとして愛された」（『日本映画監督全集』キネマ旬報社　一九七六、執筆者は飯田心美）

「あまり理屈っぽくなく、やさしい叙情味が泉のように全篇にあふれているのがよかった。多くの若者の心に、その甘酸っぱい果汁のようにしみるのである。しかし次第に独立プロの世界は圧迫されてゆき、思うような仕事の場がなくなっていった」（猪俣勝人・田山力哉『日本映画作家全史　下』社会思想社　一九七八）

「四四年、入社後四年で早くも一本立ちとなった。これ（『激流』）は戦時下、情報局から各社に割り当てられた生産増強をテーマとする国策映画の一つで石炭増産を扱ったものだが、売り出しの劇作家・森本薫のシナリオだけに、国策映画の型にはまらない人間味ゆたかな作品だった。……すこぶる論理的な頭脳の持主で、戦後は（大船）撮影所の（労組）委員長として雄弁ではないものの、理路整然とした説得力豊かな議論を展開して、会社側とわたり合ったが、五〇年、レッドパージで松竹を退社する。……七六年二月二二日、胃癌のため死去。オーソドックスなリアリズムに徹し、いささかの妥協もなく人間愛を貫き通した生涯だった」（『日本映画人名事典　監督編』キネマ旬報社　一九九七、執筆者は清水晶）

「若者の青春」「リアリズムを基調」「誠実さあふれるヒューマニズム」「やさしい叙情味」「論理的な頭脳」「レッドパージ」「人間愛を貫き」、それに、飯田が家城の『姉妹』を評して使った「社会感覚と美しい叙情」等々がキーワードであろう。没して半世紀近くが経ち、家城は映画史の隅に押しやられた感じがする。今井正や木下惠介までが、輝かしい作品群と多くの人に愛された実績をもちながらも、映画史に果たした役割を過小にしか評価されない傾向がある。家城となるとさらに論じられることが少なく、作品上映の機会もないし、テレビ放映もほとんどなく、ＤＶＤで見られる作品は少ない。だが家城は一九五〇年代、資金難でつくりたい作品をつくれないながらも、極力妥協を排して映画づくりに邁進し、日本映画の黄金期をまさに黄金期たらしめた映画人の一角に位置する作家である。家城は、その真摯な戦争責任をどう貫いたのか。さらに家城の思いは、戦後の日本映画史の中にどのような位置を占めるのか。何本かの作品を再見しながら検討してみよう。

2 『雲ながるる果てに』（一九五三）

労働組合委員長であったため家城は、一九五〇年、レッドパージで松竹を追われる。新藤兼人によるエッセイ風の証言がある。「一〇月のある日の夕方近く、大船へ行った。小雨が降っていた。どうしたことか表門が固く閉ざされ、……そこで数人の者がもみ合っていた。黄昏が迫り、雨はそぼ降るし、……家城巳代治君と二、三の者、それと会社の守衛が争っているのだ。家城巳代治は自作の『花のおもかげ』の完成試写会を見にきたのだった。それを守衛は会社の命令だからレッド・パージの人はいれないといって押し戻しているのだ。家城君は、松竹子飼いの監督である。パージがくるまでは会社の従業員だったのだ。しかも彼が監督した作品の初号試写を見にきたのである。とうとう閉め出された。私はそれをただ見守っていた。声をかけるだけの親しさがなかった」（『講座日本映画5』岩波書店　一九八七）

『花のおもかげ』は一一月三日の公開。この映画に主演した月丘夢路など、パージ撤回の嘆願をしたようだが、元に戻るような単純な馘首《かくしゅ》ではなかった。それに松竹は東宝のように闘う層の厚い組合組織をもってもいなかった。『花のおもかげ』のシナリオを書いた進歩派の山内久は、どうしていたのだろう。『大曾根家の朝』で軍国主義を糾弾した木下恵介はいかに対応したのか。家城の師である渋谷実は会社とかけあったのか。疑問は残るが、すべては圧倒的な政治の力によって決したのであろう。すなわち、朝鮮戦争が始まり、GHQの支配が強まる中で、手が出なかったということである。

独立プロに拠らざるをえなくなった家城は、首切り撤回の法廷闘争を長年月にわたって闘うが、映画への情熱やみがたく、三年後の一九五三年六月九日、「新世紀映画＝重宗プロ」提携作品として『雲ながるる果てに』を公開する。皮肉にも古巣の松竹での配給。「鶴田（浩二）の好演とともに、赤色追放後初の家城演出は、大船調の感傷も見せ、ヒット作となる」（『日本映画発達史Ⅳ』）。馘首しておいて、利潤があがると見れば配給を引き受けるのが大手映画資本の論理であり倫理でもある。『悲しき口笛』（一九四九）を手際よく演出して美空ひばりの売り出しに一役買った家城の手腕を、松竹は承知していたということであろうか。家城にしても、作品をつくる以上は、上映して観てもらわねばならない。背に腹は代えられない。『雲ながるる果てに』は、「美談とされた神風特攻隊員の真実のすがたを、亡き隊員の手記によって描きだした映画。シナリオには生き残り隊員の直居欽哉が参加して、空しく散った若者たちの群像を家城巳代治監督が痛恨をこめてつくっている。戦後屈指の反戦映画である」（北川鉄夫編『日本の独立プロ』映画『若者たち』全国上映委員会　一九七〇）

太平洋戦争末期、沖縄攻撃を開始したアメリカ軍に対抗すべく、学徒航空兵が九州南端の基地から、戻ってくる燃料をもたずに特攻隊員として飛び立つ最後の数日を描いている。彼らは「お国のため」「天皇陛下のため」に命を捧げる覚悟ができている。だが悩みがないわけではない。親への思い、愛する女性への思慕《しぼ》もある。だが彼らは反戦的な言辞を吐露しない。怪我で搭乗を免除された学徒（木村功）も、最後には、「同期の桜」で一人だけ生き残るのをいさぎよしとせず、親友（鶴田浩二）らとともに、「戦争のない国に行って待ってるよ」との言葉を残して、戻ることのない片道爆撃飛行に飛び立っていく。

反戦的台詞のないことについて佐藤忠男は「当時、左翼文化人たちの間では、特攻隊を描くというようなことは、反戦というよりもむしろ、彼らを英雄視させ、いたずらに戦争へのノスタルジアをかきたてる恐れがあるものであると考えられ、独立プロ運動の同志たちからも多くの批判があった」「しかしこの作品で、家城巳代治は、はじめて才能を現わした」と記している（『講座日本映画2』一九八六）。主演の鶴田浩二本人は「海軍飛行科予備学生」から少尉になって敗戦を迎え、この映画にはあふれる思いをもって出演したようである。鶴田の主演に納得できず、本作には軍国主義無批判的な気分があるとの批評もあったようだ。だが家城の思いを噛みしめれば、まがうことなき反戦映画として貴重な作品である。鋭い反戦の叫びを表に出さずにストイックに描きえたと受けとめるべきだろう。反軍反戦に徹底した山本薩夫の、いわば激烈な『真空地帯』（一九五二）よりも、ある意味で戦争と軍隊の実相と不合理をしっかりと落ち着いた態度で見ている。佳品である。

余談めくが、山田太一は、テレビドラマ『男たちの旅路』（一九七六～八二）で、特攻隊帰りの中年男（鶴田浩二）と戦無派の若者（水谷豊）たちとの間に、社会を見る価値観の違いから葛藤が生まれるのを、戦後三〇年、高度成長期を舞台にしてドラマに仕上げた。死に損なった特攻崩れが、戦後をどのように生き、戦無派世代といかに向き合うかを描いたものである。山田が『雲ながるる果てに』の鶴田を見ていなければ、そして鶴田の心情に深い思いをもたなければ、このドラマは書けなかったろう。本作と『シャツの店』（一九八六）は、両方が山田のテレビシナリオである。俳優・鶴田浩二の代表作は、『博奕打ち 総長賭博』（山下耕作　一九六八）などとされていることにあえて異議を唱えるつもりはないが、ある意味では太一のテレビドラマこそが俳優・鶴田の真面目《しんめんぼく》を発揮したものだったといえるかもしれない。

『雲ながるる果てに』は、戦争ないしは軍隊で、国と天皇に命を捧げることをよしとする、あるいはよしとしなければならない学徒兵の愛国の言葉に満ちあふれるが、その言葉は、特攻隊員として本気であればあるほど、戦争の不条理と非人間性をあぶり出す。家城は抒情性も忘れず、きわめて冷静、理知的に作劇している。その反語性が画面からあふれ出て、成功している。

このような反語的側面をもつ反戦性は、岡本喜八『独立愚連隊西へ』（一九六〇）などでは全く違ったものとして描かれる。戦争を西部劇のガンマンの群れによる決闘のパロディーのように喜劇化して描き、活劇アクションにしている。これを瓜生忠夫は「戦争を遊戯化して描き、戦争を知らぬ世代に、侵略戦争の反省を失わせ、戦争を甘く見させる」ものとして批判した（『戦後日本映画小史』法政大学出版局　一九八一）。瓜生は、戦争を知る世代の進歩派として、戦争を茶化して機関銃をおもちゃのようにぶっぱなし、人間がマンガチックに倒れていくのは不謹慎に思えて許せなかったのだろう。正統民主派、あるいは左派の論理ないしは倫理であり、真摯な主張であって、それを揶揄することは避けたい。瓜生よりもっと繊細ともいえる家城が、戦争中の死を覚悟した学徒動員兵の、左翼思想や反戦思想がいわば「刑務所のなか」にしか存在しなかった敗戦直前の言動をリアルに描いたのは、ある種の反語的意味をも含めてきわめて正常な反戦感覚だったといってよかろう。

岡本喜八は、陸軍幹部候補生として軍隊体験があるが、「復員して、郷里へ帰ってみたら、町内のいわゆるガキ友達は一人も帰っていなかったし、……五、六百人いた同期生が、百人たらずしか残っていなかった」。そんな戦時体験をした岡本が「独立愚連隊シリーズ」を発想したのは「戦争の馬鹿々々しさを笑いたかった」のだと主張する（『講座日本映画5』）。瓜生を支持するか岡本をとるかを考えると、瓜生の思考回路は岡本とは逆の、生真面目さという形で回りまわって同じところに行くわけで、つまりは岡本映画も痛烈な「反戦」には違いないのである。楯の表裏である。岡本は「反戦」などの言葉を生真面目に使う感性をもつことができない戦中派だったといえる。瓜生も岡本も家城も帰着点は同じである。しかし六〇年安保前後から左派なり左翼勢力が分裂していく前兆を見るような気がしないでもない。

特攻隊員の鶴田浩二の台詞。「いま日本は必死の時なんだ。戦争は理屈じゃないぞ。生命の燃焼だ。人間の根源的な情熱なんだ。悠久の大義に生きる個人の生死を超越した民族的な情熱を超えた自己統一なのだ。本来、俺たちの命は天皇陛下からお預かりしているんだ」。戦没学生の遺書などで読んだ気もするが、言語明瞭意味不明で、人間的な気持ちや思想の吐露とは思えない。戦争が理屈を超えた人間の情熱で、至高の人間性に根ざした論理であるならば、世界は戦いに終始し、人類は生き延びるに値しない。他者を死なせることの上に成り立つ生は、動物の世界の原理の一部ではあっても、食物連鎖などとは異質で、人間の論理と倫理には合致しない。軍国主義教育の中で、いつしか高等教育を受けた学徒兵までも、いや、高学歴だからこそ、「戦争は生命の燃焼」というレトリックに酔いしれ、あるいは理性を目隠しされ、「戦争は理屈じゃない」と自他の死を積極的に受け入れていったように描かれている。何のために学問をしたのか。戦時の御用学説が、戦争を「理屈じゃない」「生命の燃焼」「情熱」として歪めていったのである。

だが作中、死の飛行直前に、愛国学徒兵である鶴田浩二が、森のなかでひとり、父母や故郷を思いながら、友人たちには決して見せない感傷にひたって泣くシーンは、彼が仲間の中で最も愛国的で従容《しょうよう》として死を受け入れる態度を見せるがゆえに、逆に戦争の不条理、国家の非人間性を浮き彫りにする反語的意味をもつ。こんなシーンを、感傷に溺れているとして是としない評価もあるのは承知しているが、この情感あふれたシーンは、鶴田の台詞の意味を超えて、生のもつ高貴さを表現していよう。家城巳代治は、言葉とは逆の、生への渇望を反語的に描いている。叙情の表出の秀逸さは、その後の家城を作家的に成長させていくことにつながっていよう。

戦争責任から不戦を誓い、その思いを映画作家として背負って立った家城巳代治の反戦映画が『雲ながるる果てに』である。以後の家城の作品系譜に、ストレートな反戦、反体制的なものがほとんどないのは、『雲ながるる果てに』におけるように、怒りと本音を「裏返して描く」手法が成功的に使えなかったと考えたからかもしれない。反戦を叫ぶよりも、ささやかな安定と安心を求めて生きる市井の人々に寄り添いながら、その喜びや悲しみをきめ細かく描き込むことこそが、自らの映画作家としての適正に合致していると家城は体得したようにも思える。これぞ、本来的な意味でのポピュリズムに最も近いといえるのかもしれない。後述するが、戦争責任について、敗戦直後から倫理的には最も鋭く自己を撃ちつづけた真摯な家城が、映画の中で反戦平和を希求しつつも、それを終生、絶叫しなかったのは、この『雲ながるる果てに』の作風から抜け出せなかったのではなく、むしろ家城流の作家的方法、ある種の反語的映像表現を創出できたという自覚と、それへの自信をもったからかもしれない。山本薩夫的な戦闘的反戦なり反体制とは違う道を歩むことになる。映画表現は多様であってよい。いや、多様であることによって映画の可能性は拡大する。

市民としての家城は、反戦平和の集会でミニ講演をしたり、小さな学習会を組織したり、原水爆禁止運動に地道に参加するなど、平和運動や反戦活動に関わったと、夫人の家城久子は自著『エンドマークはつけないで』（社会思想社　一九九二）で回想している。『恋は緑の風の中』

（一九七四）では、市民の署名活動風景が描かれたりしている。家城は反体制絶叫型とはむしろ距離を置いた存在であり、それが、家城の叙情性の描写のうまさとあいまって、すぐれた作品を創り出したといえよう。私は、家城巳代治の名前は、『姉妹』『異母兄弟』『裸の太陽』を見て知っていたが、レッドパージになって松竹を馘首されて非妥協に闘っている監督とは、これらの映画を観た時点では知らなかったように思う。

ここでは鶴田浩二より一年後に生まれ、敗戦直前に軍隊に入り、鶴田の一年後に六二歳の生涯を終えた映画評論家の荻昌弘の、『雲ながるる果てに』映画評から引用しておきたい（「キネ旬」No.67　一九五三年六月夏期特別号）。「この映画をみて数日後、私は林田重男氏が撮影した『朝鮮の悲劇』を見た。十八九歳の学生達が制服のまま〈武運長久〉のタスキを肩に出征して行く光景がある。それは八年前の私自身の姿を思わせた。予備学生特攻隊の生活と最後を描いたこの『雲ながるる果てに』を、今更何も戦争の思出をかきたててまで、と非難する人もあるようである。それも一理はあるけれども、私はこのような企画が戦後八年もたった今日生れたことを、一概に排斥する気にはなれない。朝鮮の青年と、この映画の学徒兵と、そして私達現在の日本の青年との三者には、否定しきれないつながりがあるように思われる」

3　一九五〇年代黄金期の日本映画

次が『ともしび』（一九五四）。朝鮮戦争は休戦になったが、「保安隊員募集」（現・自衛隊）のポスターが貼ってあるのを何気なさを装って見せる。公開が六月で、自衛隊発足が七月だが、再軍備への体制が整ってくるのを憂慮する姿勢を、映画の本筋とは離れたところで表明している。だが家城は戦争には触れない。ひたすら農村の中学生が学校で学ぶ姿と家庭の貧困の実態、そんな村での生徒と教員や大人との対峙を見つめる。子どもの学習権確保が問題意識だろう。教室に貼ってある生徒への標語に「社会は動く、社会を見よう」「みんなで決めて、みんなで動く」とある。学習権につながる民主教育確立への思いが表出されている。それ以上には踏み込まない。生徒とともにあろうとする教員（内藤武敏）を「赤」だと追い出す村の保守勢力の動きが描かれる。生徒たちは抗議して、村や学校の旧勢力と対立する。だが政治的主張ではなく、ひたすら生徒自身の主張も聞いてほしいとの学習権獲得要求である。生徒の学習を阻害する貧困の現実も表出されているが、政治問題としては提起しないところに家城の作家的特色がある。映画としては不発だが、戦前からの生活綴り方運動の流れを引いて、一九五二年の今井正『山びこ学校』を受け継いだ形になっていよう。本作は、次の快作『姉妹』を準備する役割を果たしている。『ともしび』がなければ、田舎町の中学・高校で学ぶ姉妹を、政治性を抑え込みながらも社会的不平等には鋭いメスを入れて描いたヒューマンな『姉妹』はつくれなかったろう。

『姉妹』は、一九五〇年代の、東京を遠く離れた地方都市と、そこからまだ奥に入った発電所のある山村の二つが舞台である。結論を先に記せば、『姉妹』こそが、ポピュリズム映画の秀作である。観客におもねることもなく、アジテーション的性格もない。主人公・姉妹の生活とその見聞、周囲の人々に揉まれながら成長していく姿を低い目線で描いた、そして全体としてリアリズムを基調としながらも、情感豊かな青春映画になりえている。これこそ、あるべき民主主義を体現しようとして民衆と共にあるポピュリズムである。迎合性など微塵もない。

画面の奥からにじみ出る、人間と社会を見つめる作者の姿勢は掛け値なく暖かく、働く者の立場も堅持している。普通に健気に生きる民衆に寄り添う作品が、映画におけるポピュリズムである。成瀬巳喜男『おかあさん』（一九五二）、五所平之助『煙突の見える場所』（一九五三）、今井正『ここに泉あり』（一九五五）あたりと肩を並べて、民衆を大げさでなく等身大に描き出し、一九五〇年代の庶民派的民衆映画を代表する作品に仕上げている。民衆的なものを大事にする意識を自覚しつつ、しかも階級的な特定のイデオロギーを強調せずにつくられているすぐれた民衆的映画である。ローカリズムも特徴の一つであろう。

『姉妹』は、一九五五年作であるが、この年には、『ここに泉あり』（今井正）、『夫婦善哉』（豊田四郎）、『野菊の如き君なりき』『遠い雲』（木下恵介）、『警察日記』『月夜の傘』（久松静児）、

『女中ッ子』（田坂具隆）、『血槍富士』（内田吐夢）、『浮草日記』（山本薩夫）など、それぞれ名もなき民衆に寄り添う姿勢の秀作がつくられている。山村聰『沙羅の花の峠』（日活）も、鮮やかでさわやかな民衆派映画であったという思い出が蘇る。「ある峠でキャンプをしていた男女六人の学生が眼下の村で腹痛に苦しむ子供を見て救援に乗りだす模様を、あの手この手とサスペンスを与えながらみるものをひきつけてゆく。……集団描写がうまく、清潔な胸あたたまる健全作品として賞賛された」（磯山浩「キネ旬」No.６１９　一九七三）。「無医村の問題を……扱った。……こんなに面白く、この問題を提出したのは偉い」（北川冬彦「キネ旬」No.１３１　一九五五）。私自身も『沙羅の花の峠』を観たときの高揚感を覚えている。いま再見したくても見られないのではないか。この作品は、民衆へのあふれる思いがこもるポピュリズムの典型として記念碑的ともいえる浦山桐郎の『キューポラのある街』（日活　一九六二）に飛び火するようにつながっていると思える（浦山は『キューポラ……』系譜の作品を以後つくらなかったが）。余分ながら『女中ッ子』は、「女中」という言葉が差別的だとかでＤＶＤが発売されていないと漏れ聞いたが、笑止としかいいようがない。一九五五年は、低い目線でつくられたポピュリズム的傾向の作品が、質・量ともに充実しているように思う。ある種の平和と民主主義の中で、時代と社会が前向きに息づいていたといえるのかもしれない。朝日新聞社刊行の『週刊20世紀　１９５５』（一九九九）の見出しを拾ってみると、この年の「キネ旬」第一位をもじって「造船ブーム、家電製品、カメラ、国産車……景気〈浮雲〉にのる」とあり、「左右社会党が統一。自由・民主も合同」「この好景気、〈神武〉以来かも」「ヒ素ミルク、スモン……暗転した近代化」「平和と命を守ろう！　立ち上がる女性」と続く。いわゆる五五年体制がスタートしたときである。

さらに一九五八年になると、日本の産業としての映画は全盛時代を迎える。映画文化の振興は、平和と民主主義への国民の期待と渇望とほぼ一致する幸福な時代だったかもしれない。映画文化の量的拡大と質的向上が相互作用した。だが後から振り返ると、頂点に達したときには下降が始まっていた。テレビの普及だけが原因ではあるまい。頂上をめざして産業的にも質的にも切磋琢磨し、映画人が必死になって秀作を送り出した時期が、本当の頂点だったというべきだろう。民衆的なものを真正面から描くことで、まさに画面に生きている人たちが主権者であることを、映画を観る人々は、明確な認識にまでは達していなくても感じていたといえる。それらを横に置いて一九五〇年代日本映画の質的・量的な黄金時代を語ることに意味はない。

第4章　『姉妹』を中心に

1　『姉妹』（一九五五）

畔柳《くろやなぎ》二美《ふみ》の毎日出版文化賞受賞作品を、新藤兼人と家城が脚色。姉の近藤圭子（野添ひとみ）はおとなしくて聡明なクリスチャンの高校生。やんちゃな妹の俊子（中原ひとみ）は中学生で、あだ名はコンチ。姉妹は山奥の発電所に勤める親の元を離れて、地方都市に住む伯母夫婦の家に下宿をして私立女子校に通っている。弟が三人もいて豊かではないが、貧しくもない。長期の休みには帰省する。街と山奥での生活を体験しながら、二人は、社会の現実を学んで成長していく。劇的な展開はない。妹コンチを中心に描かれるが、授業風景や教室内がワンカットもないのがユニーク。学校よりも、「家族」「世間」「地域」で人間は育っていくものとの考えは、一つの見識だろう。世の中全体が学校であり、成長をうながすと言ったのはゴーリキーだったと思うが、結局、人は人との出会いによって育っていく。それは学校での人間関係の形成とはいささか趣が違う。そこに着眼したことは映画作家的な発想であろう。叙情とユーモアを巧みに融合させてみごとである。中原ひとみが新鮮で、今井正『純愛物語』（一九五七）の一途な被爆少女より、成長期の娘の陽性さを自然体で演じて巧まざるユーモアを醸すことができた本作のほうがはるかによい。作品の成功は中原に負うところも大きい。

ある日、妹は、富裕なクラスメートの家に招かれる。だが、その家庭は金銭的に恵まれていて格式は高いが、上下関係のいびつさなどを見て失望する。少女同士の「くちづけ」の清潔なユーモアを描いたりしながら、カネがあることが人間の幸福の源泉ではないことを描出して巧妙である。他方、貧しさも人間を幸福にしない、貧富の差は不合理であると描くのも家城の真面目《しんめんぼく》であろう。結核患者三人の貧しい家族（加藤嘉、北林谷栄など）との交流によって世の中の不合理を知る姉と妹。とはいえ、財産のあるなしが人間の非和解的対立をつくるなどとの公式を振りかざす描写はない。長期休みには山奥の村の家に帰る。村には姉妹の父親（河野秋武）が働く発電所がある。労働者やその家族のあれこれが点描されているのがユニークで、この作品で光彩を放つ。赤児を育てる主婦（倉田マユミ）が、若い男を家に引き入れての情事を描いたりするが、彼女が夫を亡くし、「私は働くのが好きなのさ」と言って村で生きていく顚末を描いた部分などは、リアリズムと家城のアイデアリズムが融合していて鮮やかである。人員削減を迫る会社に対して労働組合は闘っているが、争議そのものには触れない。校内や授業風景を描かないのと一対だろう。ロシア民謡を働く者が歌うのが何度か映されるが、ロシア民謡によって、当時の労働者が、ソヴィエト社会主義共和国連邦に希望を見ようとしているのがわかる。なんとも隔世の感がある。

「首切り反対」のステッカーが画面の隅に見える。コンチが修学旅行に行かないエピソードが描かれる。首を切られる父の仲間の労働者がいて、その娘は修学旅行に行けないから、コンチも修学旅行には行かない、行くのを自制するのが労働者の連帯だという理屈である。いささかリアリティに欠けるが、そういう事実がこのころ一般的だったかどうか知らないものの、本作の作り手の思いは明確に伝わる。働く者の連帯という視点を大事にしていることがわかるが、それを思想や労働運動として描かないところに、家城の映画作家としてのユニークな立ち位置がある。ポピュリズムの視点といってもよい。

姉の圭子は、発電所に勤める組合員の岡（内藤武敏）と親しく、愛し合っているが、両親のすすめる見合い結婚を決意し、二人は別れていく。圭子は、岡を愛してはいるが、低賃金の中では幸福な未来を展望できないと考える。岡もそれを知っている。若い二人の愛を結実させないところに家城の思想的な葛藤があったには違いないが、映画としては、二人の愛が成立しないことで、その叙情的な雰囲気はみごとに醸成される。手を握ったこともない男女の思いが淡く描かれるのがいい。封建制や家族制を受け入れる生き方を公式的に否定しないのも、むしろ現実ではさもありなんと思われ、本作の奥行の深さだろう。妹のコンチの歯がゆい気持ちが描かれることで、家城の思いは観る者に伝わる。この恋愛の進行と別れの中に、本作における家城の作家的姿勢なり、思想性が表れているともいえる。

この映画のハイライトの一つは、その圭子と岡が別れる里山のシーンの映像である。別れの挨拶をした後、当然ながら二人が逆の方向に歩いていく、その隔たりが画面左右ではなく、上と下とで隔たりが、しかも同じ左方向で次第に大きくなっていく。心ではつながっていても現実は逆である。ディープフォーカスで、現実の厳しさをワンショットで撮り、そこに抒情性が匂ってみごと。スタンダード画面の使い方のうまさ。

そしてラストシーンへ。花嫁は父母たちとバスに乗って街の式場に出かけていく。金襴緞子《きんらんどんす》の花嫁衣装だが、コンチや弟は参列しない。それだけの支出はできないのだろう。バスに乗って式場へ向かうとは、なんとつましい結婚式か。山間を去って行くバスを妹コンチが見送るのを、山の上から俯瞰して映画は終わる。姉妹の青春の第一幕は終わり、次の幕はどのように開くのだろう。

家城は、思想的には独立プロのありようを支持しつつも、作品の傾向はいささか趣を異にした。それは『雲ながるる果てに』の異色性で明確になったが、『姉妹』でも「反権力・反資本」を全面に出すことをしなかった。労働者の階級性がほのかに匂う程度であった。左翼的映画人では珍しい。彼の創造理論、あるいは闘いの理論は異色であるが、左翼映画人に、家城方式はあまり受け継がれなかったようである。家城的な柔軟な発想で独立プロが大衆に真に依拠した作品を続出させていれば、一九五〇年代以後の日本映画史の民主的系譜はもう少し違ったものになっただろう。すなわち、広がりをもった多様な映画製作、普及運動として発展したのではないか。

新藤兼人と家城の共同脚本はみごとである。たとえばコンチの「男だったら革命を起こすことができる」に対して、父親が娘に「やはり女の子であったほうが、父さん安心なんだ」と応じて価値観の相対化を図る。「どうも戦争でも始まらなけりゃ不景気でかなわないよ」と言う伯父（多々良純）には「戦争なんて大反対よ」とコンチが応える。「日本にゃ戦争でもなければ食えねえんだよ」には、「伯父さんはビキニの灰でもかぶったらいいんだわ」と対応する。「月給のわりに家族が多すぎるわ」にぶつけるコンチの台詞は、「違うよ、家族のわりに月給が少なすぎるわ」である。

「キネ旬」（No.120）の登川直樹の『姉妹』作品評からいくつかのフレーズを拾っておこう。「つくりごとには見られぬ庶民的な感情が漂う」。「淡彩な描写に庶民の感情がよくこもっている」。「数々のエピソードは、劇的なポーズがないだけに実感がこもっているが、実はそうした現実の世界に、姉妹の眼が次第にひらけてゆくことを捉えようとしたところに、この映画のユニークな作為がある」。「妹がクリスチャンの姉に向って、神があるなら善良な人間になぜ不幸な運命を背負わせるのかと詰るあたり、……よく掘りさげてある」。「一つ一つのエピソードに〈善意〉でしめくくりをつけたのも杓子定規」。「作者の人生肯定的な態度も、こうまで度重なるとかえって全体の迫力は弱まる様にみえた」云々。

こういう感想や批評、批判をひっくるめて、本作の底流にある根源的な肯定的意味でのポピュリズム的発想が浮き彫りにされてくるように思える。「庶民」といわれる人々に寄り添っている。登川の映画評の一節に「誠意と感傷の美しさがほのぼのと見る人の心をあたためる代りに、つきつめた人生の問題は立ち消えになっている」という一節があるが、あるいはこういう評言が成り立つのが、この映画がポピュリズム映画であることを証明している。社会主義や階級闘争にまで行きつかない、多様な価値をともに認めていくといった心情は、ポピュリスム文学『北ホテル』と一致しよう。曖昧さや不徹底さをもったまま人生は過ぎていく。山本薩夫にはなくて家城巳代治にあるもの、家城にあって山本にはないものともいえるのであり、それは後述の『裸の太陽』にもいえるが、『姉妹』には左翼作家としての二人の違いがくっきりと出ている。だが人間を肯定的に見る、あるいはカネや権力をもたない市民階層に光を当てているということだけは確実に伝わってくる秀作である。松竹大船の都会派ホームドラマの伝統を地方に移し、いささかの社会性を付与してみごとであり、松竹は有能な人材を切り捨てたことになる。小津安二郎から島津保次郎、五所平之助、吉村公三郎、木下恵介、山田洋次への系譜の中で、木下と山田の間に、家城は確実に位置づけることができた人材であったろう。『姉妹』は独立プロ作品なので、普及運動と製作費回収を兼ねて一六ミリフィルムで全国をも巡回した。映画監督の山本晋也は、高校時代に学校で自主上映したと言っている。

2 『異母兄弟』(一九五七)

『異母兄弟』は、いびつな軍人家庭を描いた田宮虎彦の原作で、一般的には家城の最高作とされる。利江(田中絹代)は、二人の男児がいる男やもめの陸軍大尉・鬼頭範太郎(三國連太郎)の家に女中奉公をするが、すぐさま犯されるようにして身ごもる。範太郎は、生まれた男児の智秀(長じて中村賀津雄)を異母兄とは徹底的に差別し、利江を智秀とともに女中部屋に寝起きさせ、飯炊き女としか見ない。上官から世間体が悪いと叱責されて利江を正妻にするが、利江母子への差別は変わらない。夜になると利江は範太郎の寝間に通うことを強制させられる。利江は範太郎の性欲のはけ口なのである。だが逆らわずに従順な利江。日本の中国侵略がはっきりしてくる歴史を背景に進行するが、結果は敗戦。それまで大言壮語していた先妻の息子二人は戦死。いまや退役軍人として老いさらばえた範太郎は酒びたりになり、利江の世話がないと生きていけない。智秀は、父親の理不尽に反抗して家を飛び出すが、やがて自立して家に戻り、母親にこの家を出ようと主張する。目覚めた利江も夫に「私はもう女中ではありません」と宣言。それを聞いても、うつろに酒を飲んでいるだけの範太郎がそこにいた。

田宮虎彦の小説に社会批判を痛烈に描いたものはない。むしろ戦中の小心者のインテリや中下層の人々を低い視線で見つめ、その人々に寄り添う感じの、暗い抒情が漂う私小説的作品が多い。父親にいじめられる母と息子というテーマの一連の作品もある。一九三五年前後の暗い谷間の時代の雰囲気を書き切った『菊坂』『絵本』（ともに一九五〇年）は短篇だが、田宮文学の達成であろう。いずれも日本の軍国主義体制への批判が底流にある。治安維持法にひっかかる学生や、ブルジョア家庭に育ったマルクス・ボーイも登場する。全体としては暗く、しかし下層の人々に対する暖かい「同伴者」的な田宮の眼が光る。『異母兄弟』は一九四九年の短篇である。

田宮はウジェーヌ・ダビの『北ホテル』を激賞している。「言葉ではいいあらわしようのない深い感動を受けた。それは悲しいような、切ないような、心をゆすぶる共感……私は今でも一番好きな作家はと問われたら躊躇なくダビの名をあげるだろう」。岩田豊雄が訳した『北ホテル』（三笠書房　一九五一）の帯に田宮が寄せた文章である。むべなるかな、田宮がポピュリスム文学とされるダビを身近に感じただろうことは容易に推測できる。社会の下積みに生きる人々の喜怒哀楽を描く点で両者は通底する。ダビの小説を貧しい人々に寄り添う目線の低いものとするなら、まさに田宮の文学は、いささか暗すぎるきらいはあるものの、日本におけるその傾向を代表するものといえるだろう。田宮の原作で、暗い時代を生き抜いた女性の半生を描いた映画『別れて生きるときも』（司葉子主演、堀川弘通監督　一九六一）は、小説自体にもいえるが、そういうポピュリズム的なものを具現している感じの佳品である。

小説『北ホテル』は、正直、マルセル・カルネが映画化したものに劣ると思うが、ともに社会の片隅に生きる人たちへの共感をもつ文学であり映画である。もしフランスの人民戦線（Front Populaire）が、ジュリアン・デュヴィヴィエの『我等の仲間』（一九三八）で描かれた悲劇的結末のようにではなく、もっと第二次大戦を阻止できるような力をもっていたなら、あるいは、ジャン・ルノワール『大いなる幻影』（一九三七）のラストのように、希望を語る強いメッセージ性を具現化する力量をもっていたなら、反ファシズムの民主的傾向の文学や映画はもう少し長い時期をもちこたえることができただろうし、新しい時代の希望を語る作品が輩出したのではないかと思ったりする。

家城の映画『異母兄弟』は、秀作には違いないが、いささか力みすぎているというのが、現時点での私の感想を含む評価である。公開からまもなくの時点で観たとき、人間性を抑圧する軍国主義を象徴する三國連太郎の将校（最後は少将）から利江と智秀が、自力で抑圧をはねのけるときの印象は圧倒的で、強烈な感動があった。母子と範太郎との力関係は逆転している。観る者は解放感を味わうことができた。「私はもう女中ではありません」との利江の台詞は、田宮の小説にはない。田宮はそのような前向きの強い意志を出さない、あるいは出せないところが魅力的であるともいえるが、家城は明確に解放を勝ち取る自我を正面に押し出している。脚色の依《よ》田《だ》義賢《よしたか》と家城は、田宮を一歩越えようとしており、それはある意味では成功しているだろう。

だが、テーマを映像として消化できているかと考えると、太いテーマをもつという意味で

「幹」はしっかりした反封建、反軍国主義を掲げてみごとな反戦性をもつが、それを映像にしたとき、「幹」は描けていても「枝や葉」は捨て置かれたとの印象が残る。枝や葉のない木は殺風景で、画面から潤いが消える。『姉妹』で、あちらに一つ、こちらに一組と点景人物が生き生きしてくるとき、それらのイメージをトータルする中で映画は豊穣な立体感をもってきて、枝葉《えだは》の豊かさを感じさせたが、『異母兄弟』には、そんな「余分ではない余分」が欠落している。高千穂ひづるが演じるお手伝いのハルが、陰気な物語の一点の明るさで、少し大仰ではあっても映画に一定のゆとりを与えているが、それ以上でも以下でもない。君臨する家父長の圧制がストレートに描かれすぎると、むしろ彼の荒廃した内面が十全に画面に出てこない。これは三國の演技の硬さというよりも演出の硬直化ではないか。だとしたら、家城らしくないといわねばならない。家城の代表作として挙げられるが、そう言い切るのには少しためらいがある。家城特有のしなやかさに欠ける。

『姉妹』は太い幹がないかわりに、「枝や葉」が生い茂り、それが「幹」がないことを補って余りあった。『異母兄弟』になくて『姉妹』にある抒情性もその一つである。『異母兄弟』には依田が関わっているのだから、溝口作品ほどではないにしても、女の情念のようなものを漂わせることは可能だったろう。情念ではなく情感とか叙情と言い換えてもよかろう。枝や葉を余すことなく匂いやかに、しかし幹の部分は骨太に反戦平和を描き切るシナリオにして、田中絹代にもう少し幅のある人間像を演じさせることはできなかったのか。三國の演技も、むろん好演ではあるが、彼の数え切れないほどの名演怪演歴から見ると、いささか一本調子になっている。『飢餓海峡』（一九六四）や『復讐するは我にあり』（一九七九）のように、外面と内面をともに演じ切るところまでには達していない。

家城巳代治は一世一代のリアリズム演出であるが、彼のもつ叙情味、すなわち、大きな木の陰に隠れがちな枝や葉の美しさをどうして描き出せなかったのか。田中絹代、中村賀津雄、高千穂ひづるを、もっときめ細かく形象させられなかったのか。それができれば、これまでの叙情的社会派から一歩抜きん出た真の傑作を生むことができたように思う。違った言い方をすれば、『異母兄弟』の『姉妹』化といった試みが成功していたならば、家城はもう一皮むけたはずである。

「キネ旬」の評は、如上のような弱点を感じての批判にはなっているが、言葉足らずの作品評から出ていない。「悪の善に対する責め場の連続である。感覚だけに訴えるこういう手法はドラマとしては最も単純な形式で」……「家城巳代治監督はこれをリアリズム描写で嗜虐《しぎゃく》的に描いている。迫力があるのは当然だが、そこから一体、何を訴えているのかという疑問が出てくる。この作品の面白さは結局、怨恨と憎悪につらぬかれたところ以外にないように思われる」（小菅春生　一九五七年九月特別号No.１８５）

『日本映画２００』（「キネ旬」増刊　一九八二）は映画史上の代表作二〇〇本を厳選しており、その選び方は納得のいくすぐれたものであるが、『異母兄弟』がその中の一本に入っているのは、欠点を差し引いてもなお日本映画史を飾る名作として妥当だという評価が一般的であることを意味する。佐藤忠男が担当して書いている。「情緒的」云々の部分は合点がいかないが、作品の読みは深く、みごとな分析である。「生真面目な題材と取り組みながら、しかも身についた情緒的な演出を存分に発揮し得たという点で代表作であり、最も成功した作品である。……しろうとっぽい生硬さと素朴さを特色とする家城作品には珍しく、この作品がプロフェッショナルな技巧の強さを持っているのは、……大ヴェテランの依田義賢の脚色があったからである。……依田義賢は、このシナリオに、女をしいたげてやまない男の傲慢さと自惚れと無責任と、卑劣さ、卑小さを描き込み、また、そういう男に徹底的にしいたげられながら、忍従し、性的には喜んで愛撫され、そして、ついには男に勝ってしまう女の強さを描き込んだのだった」

3　『裸の太陽』（一九五八）

松竹を追われた家城巳代治は、解雇撤回闘争を非妥協で闘うが、長期法廷闘争で敗訴する。『裸の太陽』は、パージされた映画人を大手の東映が専属監督として迎えての第一作である。追放後八年、映画製作会社が争議の再発はないと判断したのと、映画産業の最盛期を迎え、すぐれた作品を多くつくるべしとの思惑があってのことだろう。映画大手のしたたかさではあるが、軍国主義下の植民地での御用会社である満映（満洲映画協会）からの映画人を重役陣にもつ東映には、左翼的でも儲かる作品、良い映画をつくりたいとの意欲があった。同時期に今井正は東映で『米』『純愛物語』（一九五七）をつくっていた。

国鉄（現ＪＲ）のＤ51型、石炭で走る蒸気機関車の時代である。煙と石炭の燃えくずが入らないように、トンネル走行中は窓を閉めた時代を、私は思い出せる世代だが、それはさておき、木村（江原真二郎）は機関士助手で石炭の缶焚き。冒頭で、疾走する汽車の釜に石炭を放り込む肉体労働がダイナミックに、かつドキュメンタリータッチで描かれる。木村には、紡績工場で働く恋人のゆき子（丘さとみ）がいて、二人は結婚資金一〇万円の貯金をめざしている。だが、まだ二万円そこそこしか貯まっていない。職場の同僚・前田（仲代達矢）から借金を申し込まれ、同情した木村はゆき子に相談せずに貸す。それを知ったゆき子は激怒し仲たがいをするが、実は前田が人助けをしたことがわかり、ゆき子も納得して一件落着である。

今日も木村は仲間たちとともに缶焚きにがんばっている。冒頭の缶焚きシーンが、ドラマのクライマックスのシーンにも丁寧に再度描かれる。こういう労働シーンは、大手の青春映画ではめったにないものだったろう。大手での映画づくりに戻った家城のしたたかさでもある。家城は、「若さ」と「労働」などを重視して、「被害者意識」などとは無縁に、いわば健康な「青春映画」をつくって意気軒昂さを示した。本作を現時点で見直すと、描き出す時代と題材とその内容で、労働組合が出てこないのは不自然である。近い将来、六〇年安保で果敢に闘うことになる最大労働組合「総評」の中心の一つが国鉄労働組合（国労）である。家城はそういう情勢を誰よりもよく知っていたはずである。大手映画資本への気兼ねがなかったといえば嘘になろうが、初手から『異母兄弟』的な告発映画やら反体制作品をつくるつもりはなかった。つくれないこともわかっていた。したがって、労働組合運動のかわりに、彼らが組織している青年労働者コーラスのあれこれを前面に出すことによって、働く者が団結し成長している姿を描いている。商業映画の達成と限界と見ることもできよう。ある種の偽装であることが、二一世紀になって観ると理解できる。手練《てだ》れの新藤兼人のシナリオによる工夫でもあろう。歌声運動的なシーンもあり、そこに労働者の連帯の基盤があるように位置づけている。

本作は、あえていえば、『姉妹』で描いたフレッシュな中原ひとみの青春像の男性版である。本来的に、家城はアクティヴな闘いを描くことが得意な映画作家ではない。当時の平均的な青年労働者の姿を、立身出世を夢見るのではなく、家族と家庭を大事にしながら明日に向かって誠実に働く労働者こそが主権者であることを、観念的にではなく、まさに汗して労働するところに願いを込めて描こうとしている。家城作品中、『姉妹』と本作は平均的市民層にこだわった作品であろう。庶民的という言い方も可能だろうが、私の問題意識からすれば、このような映画こそがもっとつくられるべきだったのである。女性が主人公の『姉妹』と男社会の労働を組み込んだ『裸の太陽』は、盾の表と裏を成す。同じく新藤兼人がシナリオを書いた『姉妹』のほうにいささかの差で軍配が上がるのは、主人公の中原ひとみと江原真二郎の演技というか存在感の軽重の差である（ちなみに一九六〇年に中原と江原は結婚した）。『姉妹』における中原の自然体の存在感は圧倒的であったといえるであろう。

映画大手の東映で本作がつくられたことは、民主的映画づくりの歴史であらためて記憶されてよい。われらこそが主権者だと、言葉にせずに映像で語らしめたポピュリズム的視点をもつ映画は、一九五〇年代の日本映画黄金期の大手作品では、久松静児や山村聰たちによって、それなりにつくられた。だが映画の衰退期以降、そんな作品は、少なくとも大手からは姿を消していった。『裸の太陽』について瓜生忠夫は、地方の古い社会で働く進歩的な肉体労働者を描いた作品であることの希少価値を評価しつつも、その古い体制と正面から対決したら「恐らく失敗したであろうが、対決しなかったために、エピソードが快適なテンポでたたみこまれ、まとまりのいい作品になった。家城監督の人柄を、よく反映した、濁りのない作品となった」（「キネ旬」No.218）と記している。奥歯に物が挟まるような言い方だが、それは瓜生が婉曲に家城の描こうとした青年労働者の連帯への意志を評価しているのであり、本作と家城の本質をよく見た批評とはいえる。

他に、『裸の太陽』を絶賛したのは「キネ旬」編集長になる前の岡田晋である。岡田は同誌No.216（一九五八）に「家城巳代治様」で始まる異例ともいえる作品評を書いている。

「『裸の太陽』から受けた感動が、たいへん大きかった……ファースト・シーンから出現する機関車、これを映画の視覚的なスタートとしたことは何よりもまず成功だったと思います。

……一見たわいもない恋のやり取りが、非常にリアルな美しいものに昇華する。健康な若さが、宙に浮いた公式的な固さに終らず、あるいは自然主義的な平面描写に終らず、深いパースペクティヴをもつようになった……画面の中心にありシーンを動かす主人公と、背景にある集団とが、よく結びつき、その交流からドラマが発展している点です。集団が没個性の、機械的な存在ではなく、立派に個性をもって生きている点です」

「時代の状況はだんだん閉鎖的になり、いかに若いエネルギーを発揮してみても、どうにもならないような袋小路に落ち込んでしまいました。これが、資本主義的安定期と言うものかもしれませんし、その中で、神武景気とか特需景気とか、エネルギーが体の中で鬱積すれば、太陽族の目的のない暴力となって爆発する。また逆に内部にたまって、人間的矛盾のまわりばかりをどうどうめぐりすることになる。そこで、たとえ善意の作家や観客が、〈若々しいエネルギー〉の健康な表現を求めたとしても、なにか紋切型となり、感動に乏しい作品ができてしまう。ぼくはこういう時代において、『裸の太陽』のような、ほんとうに健康な映画がつくられたことを、心から喜んでおります。組合の問題や、政治的な場面は少しも出ておりませんが、ここに描かれた世界――故郷の農家へ送る金さえ倹約する主人公、停年で職をやめた老人のアイスキャンデー売り、休暇も取り消される彼等のはげしい労働条件から、つき破るべき政治の問題はすぐそばです。そして、こういう外部の条件と、内部のエネルギーが良く結びついた、稀に見る映画だと思います。……ぼくは少くとも、次の点を確信します。『裸の太陽』は、一九五八年の日本映画を何歩か前進させた――と」（註「老人のアイスキャンデー売り」を東野英治郎が演じている。点描人物だが、さすが、存在感充分）

労働組合を描かずに労働を映画の中心にすえ、さらにレッドパージと闘いつづけた進歩派監督の映画であることも顕示しなかった作品として、画期的だったろう。家城は労働組合描写の欠落を、「労働」を正面から描くことで補った。それは組合運動を直接描くよりも、映画的にいえば、いっそう効果的であったということであろう。やがて到来する安保闘争という歴史を思うと、「つき破るべき政治の問題はすぐそばです」という岡田の評言は的確であろう。ラスト近く、機関車の缶焚きである主人公が必死に石炭を釜に放り込む作業をする姿を、列車の進行と交互にモンタージュで描いている。労働とその汗こそが世の中を動かす原動力であり、その労働に従事することを社会はもっと評価しなければならないとの思いを伝えたかったのであろう。ともあれ家城の古典的な唯物論的労働観が映像によって鑑賞者に伝わる。台詞が不必要なシーンとショットで、家城と、やはり戦後の労働争議を闘い抜いたキャメラマンの宮島義勇は、東映映画では決して「言う」ことのできない主張をする（小津安二郎『東京物語』に映される汽車は、あるかなきかの煙が出ているだけだし、木下恵介の『遠い雲』（一九五五）の冒頭はもうもうと煙を吐くD51型の機関車を延々と映すが、それらは「風景」であって、缶焚き「労働」とは無縁である）。

しかし一年半後、六〇年安保の時代になると、この『裸の太陽』は、映画史的にいえば、山本薩夫の『武器なき斗い《たたか》』と、大島渚の『青春残酷物語』『日本の夜と霧』（三作とも一九六〇）

の、いわば左翼路線闘争問題に引き裂かれてしまうことになる。不幸な、しかしたぶん不可避な分裂といってもよいだろう。そして、高度成長時代に入っていくことになる。

時代は飛ぶ。『男はつらいよ 望郷篇』(第五作 一九七〇)の松山省二(政路)扮する国鉄機関士助手の缶焚きである。彼が北海道の原野を走る蒸気機関車の缶に必死に石炭を放り込む姿を山田洋次は描き、「労働しない」寅次郎との比較で、鮮やかに労働讃歌を奏でた。この缶焚きエピソード部分とD51型機関車の疾走は、家城の『裸の太陽』がなければ出てこなかった発想に違いない。山田は同じく鉄道ファンの高羽哲夫キャメラマンに助けられて、小さいエピソードに凝縮しつつも、缶焚きと労働の意味をドラマの中に描き込んだ。

さらに遡るが、山田の『下町の太陽』(一九六三)は、山田本人は「完全な会社企画」(『山田洋次・作品クロニクル』ぴあ 二〇〇五)と言っており、倍賞千恵子のヒット歌謡を与えられた企画であるものの、大手会社東映『裸の太陽』からの影響はあるはずで、山田は換骨奪胎、自分の映画に完全に作り替えている。事実、ワンカットだけ家城映画からほとんどそのまま借用している。缶焚きを同じ構図で撮ったショットがインサートされていることを指摘しておこう(なお、『鉄道員(ぽっぽや)』(一九九九)のトップシーンで降旗康男は、高倉健にほとんど同じくD51の釜に石炭を投げ込ませるショットを残している)。ポピュリズムを念頭に、家城と山田の作品を比べてみると、『下町の太陽』は、非組織労働者を描いているという意味からしても、日本型ポピュリズム映画のはしりの一つだといえよう。その流れは『運が良けりゃ』『なつかしい風来坊』（ともに一九六六）を経て、『愛の讃歌』（一九六七）や『男はつらいよ』へと引き継がれていくだろう。それらの山田作品は、家城の『姉妹』や『裸の太陽』の系譜の一つといってもいいのではないか。肉体労働で、小さな幸せを自前で紡ぐ人々に、その思いを寄せていくという意味で、民衆派的系譜の大事な線である。家城巳代治から山田洋次への線が、かすかながらつながって、いや、あるいは山田は意識してつなげているようにも思える。

第5章　家城の戦争責任論

1　家城の本領

善意の庶民派、働く者への連帯感、ゆるやかな社会主義への憧憬、すなわち日本型の柔軟な民衆派映画をつくった第一人者が家城巳代治である。家城のその傾向の典型は『姉妹』であり、続くのが『裸の太陽』であろう。『姉妹』の背景には、過疎地の労働者の権利を守る設定、難病に対する偏見を打破する姿勢、労働組合運動に対する理解、金満家にも悲しみと孤独があるということ等々がある。姉と妹が、そういう現実を肌で感じて成長していく姿を、叙情的な雰囲気を醸《かも》して描いている。ロシア民謡を労働者が合唱する姿が何度も描かれるが、これもソヴィエト社会主義にいまだ幻想を抱いていた時代の雰囲気の表れであり、現在から見ると、むしろその叙情歌的雰囲気が、映画そのものの柔らかい感じにつながるように思える。「歌声喫茶」が、「うたごえは平和の力」とのスローガンを大衆化したものとして六〇年安保闘争前後に流行したが、その曲のほとんどの歌詞は、ソヴィエト社会主義を謳歌するというよりは、第二次世界大戦で対独戦争を戦った若者たちの若さや愛や友情を情緒的に歌い上げる形のものであったように思う。私が好きだったショスタコーヴィチ作曲とされる「エルベ河」は、〈子どもらは育ちゆく〉といった柔らかい歌詞のある反ファシズムの曲だった。『姉妹』は、労働争議の若者を表に出すのではなく、彼らに親近感をもつ女性、あるいは貧しい人々に連帯したいと思いつつ、結局は金襴緞子の帯をしめて文金高島田姿で結婚していく現実派の姉（野添ひとみ）をラストに描いてしめくくる。この映画は、プロレタリアートの闘いを避けて通る一面をもった、しかし誠実な若者たちの旅立ちの詩《うた》でもある。

家城は集団や個人の闘争を真正面からはあまり描かなかった。家城のリアリズムとリリシズムの資質を継いだような山田洋次が、家城を強制解雇した大手の松竹にあくまで陣取ったのは歴史の皮肉である。家城→山田という良心的労働者像を描くラインは存在すると考えてよい。山田は東大「自由映研」所属の時代に、すでに家城の家で開かれていた学習会に参加している。家城夫人・久子の『エンドマークはつけないで』に、次のような一節がある。

「そのころ全国学生映画サークル協議会（学映協といった）の代表や、有志たちが、よく夫（家城巳代治）の話を聞きにやって来た。各校の大学生が来たが、その中で、何人かが、熱心にこの集まりにも参加していた。一人他と違って大変無口で、一見童顔のくせに、目は笑っていない、落ち着いた顔の詰め襟の学生がいた。〈大学の後輩、山田洋次くんだ〉と夫は私に紹介した。学映協の副委員長の寺田信義くんが連れて来た新顔だった。ほかの青年と違って、冗談一つ私には言わなかったが、夫は目を細めて彼を見ていた。〈うちに来るのは、みんな優秀だが、あいつは変に、根性がある。楽しみな青年だ〉と、夫は私に言った」。山田洋次が家城のことを「誠実な、それこそ冗談ひとつ云わないような人」だったとどこかで語っている。

ここに出てくる寺田信義は、後に脚本家になり、川島雄三の『洲崎パラダイス赤信号』（一九五六）が代表作。家城が再び戦争のある社会になってはならないとの思いをこめて描いた『ひとりっ子』（一九六九）の原作者でもある。寺田は、テレビ田中邦衛版『若者たち』の一回分のシナリオにクレジットされてもいる。『ひとりっ子』は、残念ながら未見なので本書では論じられないのだが、家城作品としては、それなりの位置が与えられるべきであると思うし、寺田にとっても重要な作品であるはずなので、概要だけは記しておこう。「松竹大船時代から一九七六年に没するまで、時代に即した青春群像を誠実に追及し続けた家城巳代治の、政治の時代に贈るメッセージ。防衛大学の一次試験に合格した高校生の迷いを描いている。彼がふと参加した反戦デモ、その波紋は学校中に広がっていく……。現在見ると生真面目すぎる一面も」（ぴあ・シネクラブ日本映画編２００７年最新号』）

家城巳代治と山田洋次との映像作家としての関わりをたどっておく。まだテレビ版『男はつらいよ』以前なのだが、山田は、一九六六年四月から六八年三月までＴＢＳで八〇回、渥美清主演のテレビドラマ『泣いてたまるか』のメインライターを務めるが、家城はその脚本と演出の何回分かを手伝っている。家城は一九六五年の東映『逃亡』で、内容に会社側の圧力がかかり、不本意な完成品になったために東映を去り、大手資本の映画と縁切りとなったときである。山田はさりげなく先輩の家城に援助を頼んでいると推測できる。

さらに山田は、『男はつらいよ』が映画としてヒットした翌一九七〇年四月から、『肝っ玉かあさん』で人気を博した京塚昌子と渥美清を共演させての『おれの義姉さん』の二クール二七回ドラマの原案をつくっているが、ここでもその何回分かを家城巳代治が書いているし、演出もしている模様である。『男はつらいよ』ヒット後であるから、後輩・山田の家城に対する思いの反映といえなくもない。

『エンドマークはつけないで』に、このドラマのあらすじが記されている。「喫茶店の経営者（京塚昌子）ママさんは二人の息子と住んでいるが、そこへ、時々風のようにひょっこり現われるのが、亡夫の弟（渥美清）で、マドロスと自称するへんてこな男、名は熊吉、そしてへんな友だち（佐藤蛾次郎）が子分でチョロ、チョロ付いてまわる。熊吉が恋慕し続けているのが、近所の大学教授（森繁久彌）のお嬢さん（佐藤オリエ）だ。そこのお手伝いさんは熊吉が大好き——という設定。義姉さんの経営する〈キャビン〉に熊吉がふらっとやって来て、周りの人々と一騒ぎ起しては、どこやらの海へ飄然と出て行く……」。このドラマを『男はつらいよ』のバリエーションとすれば理解しやすい。

家城が言う。「シナリオの問うところを模索して、私流の答を形成する作業が演出だとして、その答が実証されるのは、観客においてである。だから、私と観客との間に対話が成立するかどうかが、演出の成否を決定する。私においてなされる問と答は、私にとって新しい人生の体験を意味する。もしも、それが観客において追体験されるなら、私たちはいわば共通の人生を持ったことになる。つまり、私たちの間に、対話を成立させる橋がかかったわけだ」（「キネ旬」No.282　一九六一年四月特別号「自問・自答」）。

ここに家城の映画観の本質が読み取れる。家城は「観客との間に対話が成立するかどうか」が作家的本質の決め手と考えている。家城は一人ではシナリオを書かない。全二三作品のうち、単独で書いたのは山本有三原作の『路傍の石』（一九六四）のみであろう。骨格ががっちりと固まっている有名な作品で、田坂具隆の名作など四回目の映画化だから、演出での勝負と考えて一人で脚色したと見てよい。それ以外の場合には家城は、事前協議を経て完成稿として受けとったシナリオなり、自分も参加したシナリオを、いかに観客に「追体験される」かを考えつつ、演出プランを立てた。

『裸の太陽』は、『姉妹』より質的にすぐれているという意味ではないが、しかし映画作家としての一つの到達点と思いたい。大手会社の作品で、制約を抱えながらも、働く若者たちのフレッシュな姿を描くことで、家城は「観客との間に対話が成立」するところまでを描いたのである。いわば、進歩派・社会派であらねばならぬ、そして映画は何か社会に対して対決しつつ訴えていかねばならぬといった義務感から解放されて、自分の描きたいものを映像にしえたのである。

家城の作品は、いま半分ほどがＤＶＤ化されていない。『裸の太陽』以後の作品で私が見ることができたのは、敗戦直前の学童の集団疎開を描いた『みんなわが子』（一九六三）、『路傍の石』（一九六四）、『恋は緑の風の中』（一九七四）であるが、家城のよさをあまり感じることができない。『みんなわが子』は、「個人」に光を当てずに「集団」を描こうとしているが、人間像に深みがない。『ともしび』（一九五四）が冴えなかったのに似る。『姉妹』の、あの個性的な中原ひとみも、ここでは集団の中に埋もれている。テーマは軍国主義や戦争批判になりうるはずなのに、薄っぺらい。『路傍の石』は、何を今さら「文部省特選」映画を家城が演出するのか理解に苦しむ。遺作『恋は緑の風の中』は、シナリオを書いた家城久子夫人の発想に引きずられているのだろうか、家城的な問題意識が何であるのか理解しにくい。

2　佐藤純彌の語る家城巳代治

「キネ旬」No.２７３（一九六〇年一二月増刊号）に、監督・家城が短く紹介されている。「掌論」とあり、無署名で、そこに次の一節がある。「その演出ぶりも、きわめて良心的で、キャシャな身体のどこにひそむか、と驚くほどのネバリをみせる。撮影の際、必ず一シーン通してリハーサルを行ない、それからでなければカットカットの撮影をしないところなど、黒澤監督なみ。温厚な人柄は、俳優や撮影スタッフの人々から尊敬をあつめているが……」。さらに別のところで、家城の助監督をしていた佐藤純彌が、東映時代の家城組のエピソードを数年後に書いている。「作品の最後のカットを終った時、セットのどこからともなく〈蛍の光〉の歌声が沸き起り、スタッフ一同の大合唱となり、主演女優が、涙を抑えきれずにスタジオの外へ飛び出して行くなどという光景は、家城さんの組にしか起らないことでしょう」（「なくて七癖・家城巳代治の巻　モラルに厳しい平和愛好の徒」「キネ旬」No.３８３　一九六五）

さらに佐藤はこの小文で、家城が助監督たちと十数日間、旅館にこもって脚本の改訂をしたとき、連日、家城と家城夫人が電話をかけ合っており、そのような習慣のない映画界だから助監督たちは驚き、家城に「電話魔」とあだ名をつけたと綴っている。佐藤は、東映映画『街』（一九六一）『若者たちの夜と昼』（一九六二）についているから、これらの体験は助監督期と考えてよい。家城はレッドパージになった筋金入りという出自が明白であるにもかかわらず、映画産業の増産体制の中で、映画大手で位置を確立したといってよい。佐藤が語るこのエピソードは、家城としては比較的安定した時期のものである。

だが同時にやはり、家城は会社から色眼鏡で見られており、力量のある家城にはもっと仕事があってもいいのではないかと、リベラルであっただろう助監督群は考えていた。そのことを佐藤は、次のように書き、自分たち助監督の非力を悔いてもいる。「庶民を愛し、庶民を信頼し、庶民のために映画を作ろうとされている家城さんに仕事の場があまりに少ないという現状を打破出来ない、僕たち若い世代の責任と無力さの焦立ちの中で、僕は叫びたいです。〈家城さん、もうちょっと悪党になってくれないかな〉」

佐藤は、家城をヒューマニストと言い、「自己と他人に対して誠実」だとも書いている。「モラルに厳しい平和愛好の徒」とも言っている。無頼派的な作風をもつ佐藤にしてみれば、戯文調で軽く書いた体裁のものであるが、家城の作家論があまりない中で、本質を言い当てたものに思える。佐藤が後にデビュー作としてつくる『陸軍残虐物語』（一九六三）は、陸軍の内務班の非人間性をあばいたものとして、山本薩夫『眞空地帯』（一九五二）につながる。佐藤は関川秀雄や今井正にもついているが、生真面目な反体制派の家城をアナーキーな形でいささかなりに跡継ぎをし、それを大手の任侠映画やプログラムピクチャーにつないでいって作家的位置を築いたということもできる。代表作の『新幹線大爆破』（一九七五）、『君よ憤怒《ふんど》の河を渉《わた》れ』（一九七六）も、娯楽作品の枠内で、反権力なり反体制の筋は踏み外していないといえよう。

3　松竹労働組合委員長に

『松竹百年史　本史』（二〇〇六　松竹）は大手映画資本の社史だが、一九四五年の項に次のような記述がある。「この年十月の某日、駐留軍の一将校が大船撮影所を訪れ、撮影所内の構造、設備を一巡した後所長室に姿をあらわし、係長以下の人たちの集合を求めた上、〈撮影所として申し分はないが、ただ一つ欠けたことがある。それは従業員組合がないことだ〉といい、日本民主化のためには組合運動が必要である」と説いた。この「一将校」はデビッド・コンデであろう。「労働運動を奨励する占領軍の政策に忠実なＣＩＥ（民間情報局）のコンデに促されて、日本の映画人たちは即座に情熱をもって組合を組織しはじめた」（平野共余子『天皇と接吻――アメリカ占領下の日本映画検閲』草思社　一九九八）。だがコンデは軍人ではなく、ニューディーラー左派とされる高級役人である。「大船撮影所にわが国最初の従業員組合が結成されたのは、それからまもない十一月九日、委員長野田高梧、書記長岸東助により、不当馘首反対、生活擁護等の運動が開始された」（前掲『松竹百年史』）。組合結成を求めたことは、米駐留軍が日本に民主化を求めていたことを示している。だが社史だから、資本の側の許容範囲であることをも同時に意味する。委員長は大船脚本部の重鎮で保守的な野田だから、「社史」は安心して記すことができる。

映画界の労働争議では東宝が熾烈な闘争をするが、組合結成は松竹に遅れること一か月の一二月五日だった。他の大手にも組合が結成される。だが「一九四六年一月十三日に映画産業の組合である全日本映画従業員組合同盟（全映）が、各撮影所の上部組織として二千七百人の参加のもとに設立された。これは、この時期の組合結成が米国をモデルにしていたため、会社単位の組合は認められず、産業別組合のみが認可された結果である」（前掲平野著）。占領軍の命による「産別」組合ではあるものの、労働者の生活と権利を守るべく運動は発展した。「不当解雇反対、生活権擁護」を目標に、翌四六年には「日本映画演劇労働組合（日映演）」の「松竹支部」に改組され、大船だけは一〇月一五日から「ゼネラルストライキ」に入ったと社史にある。だが、次第に闘う組織になっていったためであろう、松竹社史からは労働組合関連の記述は、以後消える。

『人は大切なことも忘れてしまうから――松竹大船撮影所物語』（山田太一編　マガジンハウス一九九五）が、『社史』の空白をある程度埋める役割をしており、監督の池田浩郎やキャメラマンの赤松隆司が組合運動について語っている。「GHQのコンデっていう人に呼ばれたの。GHQの建物にその時呼ばれたのがね、家城巳代治、岸東助、僕（池田）なんだよ。そして戦時中に日本でいろんな組合活動やサボタージュ運動が、実際に起こっていた実例をひとつずつ上げて、コンデが僕たちに説明する」。ところがである。「朝鮮戦争が始まって、一ヶ月後にマスコミ関係のレッドパージが始まったのね。……松竹にも二、三ヶ月たって、レッドパージが来たの。そして岸東助、家城巳代治、ここら辺は当たり前だけど、……いろんなタイプの人十数人、レッドパージになったの。……ホントに思想を信じていたのはせいぜい三人、家城巳代治、岸東助、その他もう一人ぐらいいたかもしれないけど……」（池田）。「〈組合って何だい〉って聞いたら、〈いいんだよお前、行って異議なし、異議なしって手を上げてればいいんだ〉って言うだけ。何だかわからない。……僕なんか青年でもないのに青年行動隊だよ。吉村ハム

（公三郎）さんや木下（惠介）さんなんかもそうだった」（赤松）

家城巳代治が正式の松竹映画労働組合初代委員長に選出されたことは既述した。真っ正直な論理派で、東宝の労働組合とはひと味違うが、戦闘的で階級性のある労働運動をめざした。だが映画製作を再開した松竹は経営不振だった。『社史』によると一九四八年は、溝口健二が松竹作品『夜の女たち』で蘇り、配収一二三五万円の「敗戦以来の最高記録を樹立」するが、Bクラス作品あたりがうまくいかず、京都撮影所作品に「凡打」が多かったためだったとしている。入場料金が四〇円で、そのうち二四円が「入場税」だったとあり、この高い入場税問題は後々まで尾を引くが、そのあたりは映画各社共通の課題だったろう。『日本映画発達史Ⅲ』によると「撮影所労組の生活資金要求をめぐる〈定時間実施〉闘争で、制作能率が下り、新作による全プロ計画がくずれ」て、松竹は業界トップを東宝に譲っている。

その一因は、アメリカ型の組合運動を機械的に取り入れたことが、日本の映画労働者の生活実態にそぐわなかったことにあろう。「定時間実施」というノー残業は、映画撮影所の現場実態とかけ離れた公式的「合理」主義的な要求であった。東宝のように現場の労働者意識が高く、厚い層の組合員が支え合うものではなかった。家城や岸たち執行部は浮いていたように思われる。生真面目な家城が歯ぎしりしながら走りまわっている姿が想像される。映画産業の労働運動が東宝争議に収斂されていくのは、松竹以下の組合が闘う力量をもたなかったためともいえそうである。日映演を本当の力量ある組合に育てられなかった。むろん、世界の東西対立が一九五〇年に朝鮮で火を吹くことになり、アメリカによる労働組合育成方針が後退的に転換したという大状況を抜きにして、松竹の組合運動の弱さを際だたせて云々する意味はないのであるが。

4　家城の戦争責任論

時間を遡る。組合委員長となった家城の「戦争責任論」が残っている。日本映画史の貴重な財産である。一九四六年六月三〇日の東京大学山上講堂でおこなわれた第一回全国映画芸術家会議で、「映画芸術家の反省と自己革新に就て」と題して報告している。痛切な後悔の念に貫かれている。

「戦争とは何であるか、今次の戦争は何であったか。日本の戦争目的は正しかったのか正しくなかったのか、人は言うであろう、今頃何を言ってるのか、日本はまちがっていたのだ……「私は再び言う、今次の戦争とは何であったか。……私は思う。もし日本が勝っていたら、自分は日本は正しかったと結論する人間ではないのか……私は慄然とする。……「戦争が正しかったとしても、又は正しくなかったとしても、私は正しくなかったのだ。これだけが間違いない事実である。はっきり言おう、……われわれはだまされていたのだ、と済まされる事であろうか、……だまされたとは何という恥ずかしい言葉であろう。もし私がだまされたとするならば、私はだました人間に何等の憎悪もない。唯々だまされた自分への嫌悪があるだけである。その愚かさ、その軽薄さ、何たる醜態であろう、……私は軽薄なる中間者であった。……

「私が身を置く映画界は何をなしたか。戦争に協力した、或いは協力させられた。……問題は、私の恐れ、嫌悪する所は勝った時に、敢然と協力した、と言い、負けた時に、止むを得ず協力させられたと言いはしないか、そういう自分ではないのか、という事だ。……唯一つ、許されないことは自らを偽ることだ。真実を語ろうとしない芸術家、そんなものはあり得ない。……

「絶対的な否定、ここから出発しよう。愚かなる自己、無知なる自己、虚無なる人間から、始めるのだ。懺悔とは自らの悲惨を知ることではなかろうか。……思索が体験に重り、文化が肉体となるためには、先ず一切の衣をぬぎ去って裸の人間になることだ。ここにヒューマニズムの根があるのだ。……

「自由も、デモクラシーも、この人間、この自己がつくるのだ。この道程が革新であろう……私は出発点に立ったばかりだ。後は歩き出すことだけだ。真実を求めて歩き出すだけだ。」（「映画製作」一九四六年九月。『戦後映画の出発』冬樹社　一九七二）

伊丹万作と家城巳代治、映画人の戦争責任論の双璧である。伊丹が「だまされるということ自体がすでに一つの悪である」と、原稿を書いたのは「四六年四月二十八日」であると米田義一は記しているが（『伊丹万作』武蔵野書房　一九八五）、発表されたのは同年八月一五日と発行日が記されている雑誌『映画春秋』第一号である。したがって発表は家城が先であるから、家城は伊丹の発言をこの時点では知らないと判断したい。伊丹は病気療養中だから、家から一歩も出ていない。

それにしても「だまされるということ自体がすでに一つの悪である」と「だまされたとは何という恥ずかしい言葉であろう」という二人の発想は驚くほど似ている。相照らした一対にさえ思える。映画の世界で、戦争協力映画をつくった多くの監督・脚本家を中心に、「だまされた」ことに対する自己批判なり弁解や懺悔が真に話題になったろうか。伊丹文と読み比べてみると、深い浅いではなく、家城の内省は、どんどん自らを深く刺している。いや、「その愚かさ、その軽薄さ、何たる醜態であろう」として自分自身を責めさいなんでいる。家城はまず自分自身を標的にする。みんなと一緒に自分も間違ったとの発想ではない。しかも戦勝だったら、「敢然と協力した」と居直ったのではないかと自らに釘を刺している。「もし、日本が勝っていたら、自分は正しかったと結論する人間ではないのか」との鋭い自省。小津安二郎の『秋刀魚の味』（一九六二）で、加東大介が元艦長の上官・笠智衆に、戦争で「勝ってたら、艦長、今頃はあなたもわたしもニューヨークだよ」と言う。笠智衆は「けど負けてよかったじゃないか」と釘を刺すが、家城には加東の台詞のような気分はどうしても許せなかったのだろう。小津はそこまで突き詰めて考えてはいないとも考えられる。だが、それは小津が日本の侵略戦争を肯定していることを意味していない。中国で毒ガス部隊に所属していたことを語らなかった小津は、やはり恥じていたのだ。戦争を相対化しつつも「けど負けてよかった」との視点を抹殺抹消することはできないのである。『東京物語』（一九五三）での「いやァ、もう戦争はこりごりじゃ」も確認しておこう。

二〇一三年八月二二日、精神科医・斉藤聡明の講演記録がある。「……有責性。これフランスのレヴィナスという哲学者の概念です。有責性、どんなことかといいますと、世界中で起こるあらゆる出来事に対してあらかじめすでに責任がある、そういう概念です。……小津さんは戦争、たぶん大嫌い、軍人は映画に全く出てこない。戦争が大嫌い、大反対だったんじゃないかと思う。でも、自分を安全な場所において戦争反対って声高に語るということは決してしなかった。……太平洋戦争に対して自分は被害者じゃなくて加害者である。この戦争に対して自分は有責性があるって感じていた。……いつも有責性を背負って一所懸命、懸命に生きていった小津さんじゃないかと思います」（News Letter No.83「『お茶漬の味』を味わう」より　全国小津ネットワーク発行　二〇一四）（なおエマニュエル・レヴィナスの「有責性」についての論は、内田樹が、小津映画にも指摘できると言及しているようである）

家城は、レヴィナスの言葉を借りれば、戦後、最も「有責性」を自分のものとして受けとめた知識人だったといってよい。自分を恥じ、自らの責任を鞭打った。他者との比較は家城には無意味なのだ。絶対的な自己否定に立っての反省であり、そこから出てくる反戦である。家城の真摯で誠実な人格と、清廉な恥じらいがくっきりと現れている。「自虐」とか「被害者意識」という言葉や意識は峻拒されるだろう。とにかく責任を他者に転化するのを拒否した自己批判である。波多野哲朗は、この家城発言には「戦争責任の内省を出発点として、戦後の活動をはじめようとする内面の決意が記されている。……その反省の内容は、みずからを愚衆と呼ぶことによって戦争責任を個的にひきうけるだけの深さを持っていた」（『戦後映画の出発』の解説）としているが、この家城の誠実と潔癖が、以後の彼の生涯を貫き、そして述べてきたように他の左翼作家とはいささか異なる家城映画の基調となる。戦争責任論で、一九四六年に死去する伊丹を例外として、これだけ自らを撃った映画人が他にいたか。日本映画史上、家城を超える厳しい自己批判をした映画人はいなかった。これは映画人の戦争責任問題にとどまることではない。人間が、真に人間として生きるとはどういうことかを身を切る思いで語ったものである。主語が「私たち」ではなく、徹底して「私」であることも確認しておかなければなるまい。

戦後、反戦平和、あるいは民主的な映画づくりで大きな花を咲かせた人のうち、黒澤明、今井正、山本薩夫の戦争責任については、私はすでに拙著『伊丹万作とその系譜』（大月書店　二〇一五）で書いたので省略する。それにしても黒澤、今井、山本に比して、家城の自らの責任の真摯さは、身を切り刻むほど痛烈である。映画人の多くが自己批判をしながらも、いつかどこかに置き忘れていった、あるいは弁解しつつも厳しさを失っていったのとは、家城は決定的に違う。家城はこの真摯な思いを、いわば生涯、ひとときも忘れずにもちつづけた希有の映画人であった。責任は「私たち」ではなく「私」にあるから、他と比較したり批判したりしなかった。そんな謙虚さ、あるいは孤高さもあってか、伊丹ほどには家城の自己批判は取り上げられなかったように思う。

家城の自己批判報告に光を当てたのは岩崎昶《あきら》である。私は佐藤忠男の『日本映画史』（岩波書店　一九九五）を読み返していて、家城の純粋さに驚いたが、岩崎はそれ以前の一九五八年の『現代日本映画』（中央公論社）で伊丹の戦争責任論を紹介しつつ家城についても論じている。岩崎は、治安維持法違反で一年半の獄中生活を含めて執筆の自由を奪われながらも抵抗した希少な映画人であり、その最も真摯であった彼でさえ、家城の自己批判の弁に力をこめて「家城の若さと新しさとを感じざるを得ない」と記している。

いかように弁明しようと「私は正しくなかった」と自らの戦争責任を自己批判する家城は、伊丹より若い現役の映画人であった。自らの身を切るヒューマニズムこそが家城の根幹なのだ。そして「文化が肉体になるため」の奮闘を、家城は映画戦線で果敢に進めていくことになる。その闘い方は、今井、山本流のストレートな「反戦平和」ではなく、まさに家城流であり、「リアリズムを基調にしながら、優しい抒情性と誠実さあふれるヒューマニズムをたたえたその作風」を確立していったのである。今井、山本、そして黒澤や木下などと比して、どちらが真摯で本物であったかなどを比較したりはしないが、ともあれ、名もなき民衆に寄り添っていく作劇態度に家城の神髄を見ることができる。誰がなんと言おうと「私は正しくなかった」とストイックな自己批判をする家城に、二一世紀的大衆迎合や扇動的な匂いは皆無であり、むしろそれらに敵対さえするものであることだけは確認しておこう。

もう一つ、家城の厳しい自己批判を、誰が受け継ぎ継承したのか。それをあれこれ挙げることはできるだろう。だが家城が大手映画会社から追放されていくのを守れなかった、家城の誠実をもっと大きな輪の中で守れなかったのは、戦後日本映画界の労働組合も含む民主主義陣営の、いや大手の映画製作会社をも含めた映画界と映画人全体の、弱さであったとしなければならないだろう。家城の馘首を、大手の製作会社はともかくとしても、自分たちの問題として受けとめる映画人はいなかったのか。誰もが自分とその周辺のことで手がいっぱいだったことは理解できるが、松竹の労働組合がだらしなかったという次元の問題ではないだろう。戦後日本の労働組合運動の量と質の総力の問題であるが、日本映画界と映画人の良心の問題としても提起しておかねばならない。一九五〇年代に戦後民主主義の花を咲かせた映画界そのものにも突きつけるべきである。家城を守れずに何が民主的であり、民主的映画なのか、との思いが、家城の軌跡をたどる中で私の中に胚胎してくる。だが、それは無理だったのだ、映画界だけの問題ではなかったはずである、との思いも、時を隔てた二一世紀の五分の一が過ぎた今、同時に「私」に迫ってくる。評論家的に戦後の映画戦線の民主的な闘いの弱さを指摘する資格など到底、私はもたないが、家城のことを思うと何とも苦しい。

家城は自己に厳しいが、既述のように一九四四年に『激流』を演出している。だからこそ自己に厳しくならざるをえなかった。森本薫のシナリオで「国策型以上には出ない凡作であった」とか「国策映画の型にはまらない人間味ゆたかな作品だった」と記されているが、凡作であろうと、それなりの出来であろうと、家城の気休めにはならない。家城は自分を許せなかった。他者との比較ではないのである。一九六一年に家城が書いたものがある。「僕は戦時中、戦争とどんなかかわりをもっていたろう。抵抗はもちろんしなかったし、かといって特攻隊の学徒兵のような形で参加もしなかった。特攻隊の勇士に拍手しながら、しかも自分は戦争から逃げようとしていたのである。戦後の一時期、こういう曖昧さに自己嫌悪をおぼえて、僕はずいぶん苦しんだ」（「キネ旬」No.２９９「アンジェイ・ワイダ論」）。戦争を肯定する思いがあったことを認めて「自己嫌悪をおぼえる」ところから、家城は戦後を出発したが、その生真面目な姿勢は終生、変わらなかった。家城はストイックすぎたのだろうか。

一九五〇年九月二五日に大船撮影所にレッドパージが通達される。松竹は現場のスタッフが多く、東宝、松竹、大映三社で、松竹が一番多かったようだが、監督では家城だけであり、監督はすべて契約制度なので、ただひとり契約解除されたことになる。家城は、解雇撤回の闘争を長期間にわたっておこなったようだが、家城を守る輪が広がったという記述や記録を私は知らない。結局は敗北するのである。

松竹の城戸《きど》四郎副社長は、一九四七年一二月三日に公職追放になっていたが、レッドパージの直後、一九五〇年一〇月には追放が解除となり、すぐさま松竹の相談役に返り咲き、続いて資金対策委員長にも就任する。そのことを『松竹百年史』はしっかりと書いているが、一か月前のレッドパージについての記述は一行もない。九月と一〇月、追放される者と復帰する者の入れ替え。レッドパージされる反戦派と、戦争協力者の業界復帰がセットになっているのは、アメリカの占領政策の転換を、そして戦後日本の労働組合運動の弱さ甘さ、苦しさやにがさまでをあまりにも正直に、しかも露骨に表しているといえよう。

一九五〇年は朝鮮戦争勃発の年である。前年の中華人民共和国の成立で、それまで続いていた米ソの冷戦は、六月二五日、一挙に火を吹く実戦になった。これを機に八月一〇日には警察予備隊が発足（自衛隊になるのは一九五四年七月）、労働組合の全国組織「産別会議」に参加している共産党員とその同調者のレッドパージがおこなわれた。そして産別会議を脱退した者を中心に第二組合的な日本労働組合総評議会（総評）が発足する。その総評が一〇年後の六〇年安保反対闘争の中心の一つに成長するのは歴史の皮肉でもあり、たぶん必然でもあろう。『裸の太陽』に出てくる若い国鉄労働者は、その総評の組合員だと考えて間違いない。

第III部

山田洋次

――『男はつらいよ』のルーツはフランス戯曲

山田洋次(1931―)

マルセル・パニョル(1895―1974)

第6章　山田洋次映画は大衆迎合か

1　『遙かなる山の呼び声』のことなど

「山田洋次とポピュリズム」というテーマが成立するのかどうか。山田とポピュリズムは、どう結びつくのかつかないのか。こういう問題の立て方は、映画論壇ではされたことがない。そもそもポピュリズムが何なのか、確固たる意味も定まっていないといってよかろう。論じ方次第では政治的な色合いをもって陥穽《かんせい》にはまる。

『男はつらいよ』は、笑って泣いて楽しさを堪能する映画である。テンポの快調さも魅力的。寅の失恋は愉快だが、渥美清と倍賞千恵子のやりとりも秀逸で、兄妹の信頼し合ったその情感がすばらしい。第一作公開時、一九六九年八月に観たときの驚きと感動は忘れられない。一九七七年の『幸福の黄色いハンカチ』のときも、わが人生の決定的な出会いに違いないと思った記憶がある。私の後半生が、映画を観ること、映画を論じることになる契機になったのが、

『男はつらいよ』であり山田洋次だった。

山田映画を見つづけながら、このおもしろさには、観客に媚《こ》びを売っている側面があるのでは、との思いが時として去来した。笑いをとるために観る者におもねるものになっているのではないかとの疑念が瞬時よぎった。テレビで垂れ流されるような過剰なギャグや、日本語をおとしめる遊びになっては困るとも考えた。だが寅さんの語りや、いわゆる「寅のアリア」に過剰なものを感じることもなく、喜劇映画としての多くのギャグにも節度があると感じるようになっていった。そして第四八作の渥美清退場まで、寅さんは矩《のり》をこえない品のある笑いを提供してくれた。山田洋次は原則として観客に阿諛追従する喜劇にはしなかった。

二一世紀になって、政治分野でポピュリズムという言葉が登場し、この言葉が「大衆迎合主義」という意味をもつとされている。もっとも、『広辞苑』では二〇〇八年の第六版から、初めて政治的な意味をもつと説明されるものの、否定的意味をもつとはされていないのであるが。とはいえある種の流行語になってくる中で、山田洋次映画には迎合主義があるのではないか、特に『男はつらいよ』には、その傾向がいささかなりともあるのでは、との疑問が再び頭をもたげた。山田と山田映画がポピュリズムとどう関わるのか、関わらないのかが気になりはじめた。喜劇をつくる作家や劇作家や映画人は、紙一重のところで苦しみ、しかし受容者にすぐれた笑いや感動を与えるために奮闘している。山田というか『男はつらいよ』における「大衆迎合主義」的要素の有無が気になって仕方がなくなってくるのだった。

『幸福の黄色いハンカチ』（一九七七）ラストの「五月の陽を浴びて、黄色い旗の列がハタハタと風になびいている」（シナリオより）に、リアリティがあるのかとの疑問が皆無とはいえない。また『遙かなる山の呼び声』（一九八〇）の最後の列車シーン。「民子（倍賞）、手にした買い物袋から（黄色い）ハンカチを出し、眼元を拭き、そして、思い切ったように耕作に差し出す」（シナリオ）のは、その「黄色いハンカチ」によって観客の気持ちをこらえきれなくするみごとな発想であり場面づくりであるが、ハンカチが「黄色」なのは作りすぎで、見え見えなのではないか。この両作に、観客の気持ちを手玉にとる山田の巧みな作劇術がいささか強すぎるのではないかと思ったりもした。すなわち観客に「迎合」する作劇術が見え隠れするとの思いを完全に払拭することができなかった。だが他方では、迎合とは無縁の、想像を超えるみごとな作劇術だとも思った。この二つのラストを見て、多くの観客は鬱屈した気持ちが晴れる思いで喜び涙を流した。だが、それでも……。山田映画のあやうさは皆無とはいえないのでは……。堂々めぐりである。

2　『武士の一分』のワンシーンについて

山田洋次『武士の一分』（二〇〇六）に次のようなシーンがある。三〇石どりの下級武士・三村新之丞（木村拓哉）が、藩主の毒味役の仕事を終えて、小者の徳平（笹野高史）を従えて帰宅の途中である。子どもが川べりで遊んでいる。次は撮影台本より。

☆９　**道**

夕暮れの道端で道場帰りの三、四人の子どもたちが水を覗き込んで騒いでいる。徳平を従えた新之丞がやって来て足を止め、笑顔でその様子を見やる。徳平が小声で言う。

徳平「旦那様、子どもがたにかまったりするものではありましね。侍というものは、真っ直ぐ前見て歩かねばならね。これは亡くなった大旦那様のお言葉でがんす」

新之丞「やかましいのう、この糞たれ爺は」

徳平「世の中に糞たれねえ爺はおりましね」

夕日を浴びながら家路に着く親子のような主従。寺の鐘が鳴る。

従者のほうが軽口で対応するのだから、主従の信頼関係が確立していることが、二人のやりとりでわかる。「親子のような主従」とト書きで説明することで、二人の関係をさらに確認している。ところが公開された映画から、徳平の台詞「世の中に糞たれねえ爺はおりましね」は消えている。注意深く画面を点検すると、徳平役・笹野高史の口は確かに動いている。フィルム編集の段階で、徳平の台詞を山田は消しているのである。ＤＶＤ版で確認できる。

山田はシナリオ（平松恵美子、山本一郎と共同）では書いているのだから、完成した画面で、笹野の台詞がなくなった事実だけは、はっきりしている。原作である藤沢周平の短編小説『盲目剣谺《こだま》返し』にも、こんなやりとりは出てこないから、山田自身がシナリオに書き、シナリオどおりに撮影したものの、最後の最後、編集でこの台詞を削る判断をしたことになる。

この「糞たれ爺」のやりとりは、山田の好きな落語からの借用である。創作落語まで書く山田の、いわばコミカルなお遊び。だが山田は、「糞たれ爺」を『武士の一分』で使うか削るか、最後の最後で迷った。それは、この言葉が必要不可欠なものなのかの判断にあたって、観客へのサービス過剰なのか、ここで余分な笑いをとることが観客へのいささかのおもねりになるのか、そのあたりをどう判断するかを決めかねたのである。些細であるが、山田が観客に阿諛追従する側面をもつのか、観客への目線の低さを混じりっ気なしにもった映画作家であるのかを判断するうえでは、それなりに重要なことのように思える。

『東京家族』（二〇一三）のラスト近く、瀬戸内海の島での葬儀シーン後、東京から来た「紀子」（蒼井優）の美しさに「島の中学英語教師」がみとれてしまうコミカルなショットが挿入されている。シナリオには次のようにある。「自転車を止めて二人の後ろ姿を見ていた先生（近藤公園）、走り出そうとしてバランスを崩し、転倒する」。何度も劇場等で見ているが、観客は必ず笑う。失笑するというべきか。山田は意識的に笑いをとっている。なんでもないこの「転倒」ショットは必要なのか。「迎合的」なのではないか、私は気になる。

古典落語では、たとえば『三方一両損』や『大工調べ』などでも使われる。山田洋次は、山内久との少し変則的な合作で、江戸落語『つきおとし』『らくだ』『寝床』『黄金餅』『妾馬』『さんま火事』などをつなぎ合わせて『運が良けりゃ』（一九六六）を演出している。ここでの「クソったれ大家」の部分は次のようなものである。熊（ハナ肇）「ク、ソ、ッタ、レ、爺ィ」。源兵衛（花沢徳衛）「ク、クッ、クソをたれねえ爺がどこにいる」

『愛の讃歌』（一九六七）でも使っている。伴淳三郎の千造が、老婆（北林谷栄）に「やい、おりん、クソタレ婆ァ、お前は見損なったの、お前の考えはな、汚えや、くさってる……」。北海道を舞台に山田が書いたテレビドラマ『遙かなるわが町』（一九七三）でも次のやりとりがある。鳴海（芦田伸介・短大教授）「聞こえないのか。ふん、都合の悪いことは聞こえないんだから、クソたれ婆ァめ」。ふみ（浦辺粂子《くめこ》・ばあや）「クソしない婆ァはいませんよ、そういうことは聞こえる」

3　『男はつらいよ』における「クソじじい」

『男はつらいよ』にも、そのものズバリ使われている。『ぼくの伯父さん』（一九八九）のプロローグ。茨城県袋田温泉付近を走るローカル列車の車中で、座席を独占している高校生の近くに老人（イッセー尾形）が立ったままでいる。見ていてたまりかねた寅次郎が高校生を立たせて、老人のために席を空けさせる。寅が「おじいさん、席があいたよ、さあ」と座らせようとするが、「お前なんかにじいさんと呼ばれるほど年寄りじゃねえわい」と言って座ろうとしない。

老人「大きなお世話だ、このでしゃばりめ」
寅「人が親切に言ってるのに……（寅が老人を突き倒そうとし、老人も寅に突っかかってくるので）、
　やったな、この糞爺い」
老人「糞たれない爺いがいるか。連れてこい」
寅「このやろう」
老人「やるか」

これはＤＶＤからの採録である。だが、書籍になって発表されたシナリオ（ちくま文庫　一九九七）は、決定稿なのかどうか不明だが、次のようなやりとりになっている。

寅「やったな、糞爺い！」
老人「糞爺いというたな」
　とっくみあいになる二人。高校生が慌てて間に入る。「やめろよ。みんなの迷惑になるじゃないか」

山田のシナリオにはないが、ロケでの山田の注文なのか、イッセーのアドリブなのか、現実に、老人の「糞たれない爺いがいるか。連れてこい」との台詞を、山田は画面に残した。『武士の一分』とは逆である。山田にある種のためらいが感じられる。小さな内的葛藤には違いないが、迷っている。たかが「糞たれ」、されど「糞たれ」。

『武士の一分』で問題としたいのは、山田洋次が「世の中に糞たれねえ爺はおりましね」を削ると判断したことが、山田にとってどういう意味をもち、観客がいかなる受容をするかということである。それは「ポピュリズム」という概念を使って山田作品を取り上げる私が、そのことをどのように受けとめるべきかを考察することに関わる。『ぼくの伯父さん』から『武士の一分』までの間に一七年が経過している。山田は、『武士の一分』の台詞をどうして最終公開フィルムから消したのか、そのことを観客（私）がどう受けとめればよいのか。映画を大衆的性格を色濃くもつ芸術と規定した場合、山田を、「迎合主義」的なものに傾斜していると把握するのか、そのようなものは断ち切っていると理解するのか。そんな瑣末なことを云々すること自体がつまらないことなのか。結論は出ないが、問題は提起したい。多数の大衆に依拠する産業でもある映画が、「大衆迎合主義」といかに距離を置いてきたかこなかったかを考えるのは、重要なポイントの一つである。

4　マルセル・パニョル『ファニー』との出会い

アメリカ映画『ファニー』（一九六一）は、フランスのマルセル・パニョルの戯曲を映画化したものである。日本公開は一九六二年三月二四日。山田洋次の監督デビューの翌年であるが、山田は、それ以前に映画の原作戯曲『ファニー』と出会っており、この戯曲を読んで感銘を受けているから、映画を見ているに違いない。山田が戯曲を読んだ、その本はほぼ特定でき、その解説に詳しく明記されているから、『ファニー』がポピュリスムという文学ジャンルに属する作品であると知っただろうこともわかる。ポピュリスムもまた、「民衆の生活を誠実に暖かく描く」ものであることも理解して共鳴感をもったはずである。同時に、戯曲の本筋はむしろ悲劇的な側面が多々あるにもかかわらず、その文学的雰囲気の中に「笑い」というか「喜劇的」なものが充満していることに、山田は共鳴したと思われる。

山田は強い関心をもった。そして後年、『ファニー』を自分で映画化することになる。日本に舞台を置き換えた『愛の讃歌』（一九六七）である。このパニョルの戯曲と、自らがつくりあげた『愛の讃歌』が、やがて『男はつらいよ』へとつながっていく。山田は、民主的な「民衆主義」的ニュアンスをもつポピュリズム文学に依拠して自らの映画世界を切りひらき、そこから一貫して「家族」を描き、「民衆主義」的世界観を確立していったことになる。「民衆主義」

と「大衆迎合主義」とは表裏であり、紙一重の差でもある。だがこの差は決定的に違う。山田洋次への毀誉褒貶《きよほうへん》は、「迎合」を含むのか含まないのか、そのあたりをどう判断するのかで違ってくる。

回り道的な叙述になるが、文学と映画におけるポピュリズムの歴史的経緯を追うことから始めよう。まずマルセル・パニョルである。パニョルは本書で重要な意味をもち、めぐりめぐって『男はつらいよ』につながっていく。パニョルの『ファニー』や、それに前後する『マリウス』『セザール』は、『男はつらいよ』の原点的、原作的な意味をもつのである。

第7章　パニョル『ファニー』をめぐって

1　ポピュリスム作家マルセル・パニョル

ポピュリスム文学とその系譜から、山田洋次にどう流れ込むのか。それにはフランスの劇作家マルセル・パニョルを見なければならない。これから述べるパニョル戯曲の日本への影響なり普及こそ、『男はつらいよ』の原点的な意味をもつわけで、本書におけるコアの一つである。

マルセル・パニョルの略歴を『世界文学小辞典』（新潮社　一九六六）から抄出する。「一八九五〜。フランスの劇作家。……南仏オーバーニュに生まれ、……いわゆるマルセイユ三部作『マリウス』（一九二九）、『ファニー』（一九三一）、『セザール』（一九三七）は彼の真価を充分に発揮した秀作である。港町マルセイユを舞台として、純情娘の悲恋を主軸に庶民の哀歓を描いたもので、ルネ・クレール初期の映画と並び、当時の風刺喜劇の代表的作品と評してさしつかえない、笑いと風刺とロマンティックな資質とが渾然と融合したとき、パニョルの才能は美しく開花する。以後彼は演劇的映画の製作、シナリオに専念したが秀作には乏しく……。四七年には最年少でアカデミー・フランセーズ会員に選出された」（註・一九七五年死去）

ルネ・クレール喜劇との比較はユニークである。飯島正は「パニョルは、現在、劇作家とはいえないくらい、映画作家になりきっている。いまではもう、はっきり、映画製作者、あるいは映画監督者といっていい。いや、それにもまして、映画事業家といった方が、あたっているかも知れない。製作の方は、『セザアル』以後、筆をとってはいないようである」（『フランス映画史』白水社　一九五〇）と、消息を伝えている。さらに飯島は、一九七六年の著『映画のなかの文学　文学のなかの映画』（白水社　一九七六）で、パニョルが映画に前のめりになっていったと書いている。飯島は、パニョルが「演劇は死んだ、トーキーは演劇にかわるものだ」との主張をして「映画・演劇の両面から非難攻撃された」としたうえで、「せりふのおもしろさはまさに当代随一といってよかった」としているものの、結局、飯島はマルセイユ三部作を映画では観ないで終わったようで、映画人としてのパニョルの実際を知らない。

フランスのポピュリスム文学の系譜を綿密にたどるのは困難である。日本ではまとまった参考資料はない。思うにダビの小説『北ホテル』に続くものがなかったため、この系譜は続かなかった。文学史的には孤立した小さな山でしかなかった。だがフィリップからダビにつながるフランス文学の線は「民衆主義」とでもいう流れであり、ダビは、カルネによって映画化もされたので、映画史にも印されており、ダビの精神は引き継がれている。あるいは、後年の傑作であるカルネ『天井桟敷の人々』（一九四五）は、少し見方を変えれば、反権力的民衆を基盤にしているという意味で、ポピュリスム的な流れの中での映画における最高の達成であるのかもしれない。この作品の原題は"Les Enfants du Paradis"（楽園の子どもたち）だが、観劇で天井桟敷の観客こそが芝居好きの真の民衆ともいわれ、邦題は原題の意を酌《く》んでおり、『北ホテル』的な発想を引き継いでいるといえよう。映画のエスプリを斟酌《しんしゃく》した題名である。その後、時間的には後先もするが、パニョルにつながるのである。

ダビを嚆矢とするとして、ポピュリスムには三つの小さな山がある。第一が小説『北ホテル』であり、第二がパニョルの戯曲・映画のマルセイユ三部作であり、第三がカルネ映画『北ホテル』である。日本的事情を加味すれば、これから述べる「永戸《えいと》俊雄」という、パニョルに親炙《しんしゃ》した希有ともいえるパニョル研究者兼翻訳者（後に映画評論家）がいたために、パニョルは日本に根づいた。そういう意味では、日本での受容はいささか特殊であろう。大袈裟にいえば、パニョルの日本への流入があったから、そこから山田洋次が影響を受け、彼の『男はつらいよ』の源流となって、日本で大きな花を咲かせたということになる。山田におけるパニョルの影響がストレートに現れる最初は、パニョルのマルセイユ三部作を原作とした『愛の讃歌』（一九六七）であり、以後、非直線的に『男はつらいよ』につながっていき、二〇世紀後半の日本映画ないしは日本文化の一つの華として定まることになった。あえていえばパニョル原作の『愛の讃歌』が、『男はつらいよ』の原作である。少なくとも原作の一つである。本書は、パニヨルの戯曲とそのフランスでの映画化作品を丁寧に観ながら、それらが、山田洋次にどうつながっていくのかを考察することが中心となる。

少し戻る。ダビの小説『北ホテル』の日本語訳本について記しておきたい。日本での出版は一九五一年であり（三笠書房）、映画が日本で公開された一九四九年より遅い。日本では戦後になってから封切られたカルネ映画がそれなりの評判になったことからの翻訳・出版であったと思われる。岩田豊雄（獅子文六）が訳しており、角川文庫版も含めて岩田訳だけしかないように思う。ここでは、岩田豊雄の風変わりな「あとがき」に注目したい。全体で二ページ余の短いものであるが、実にその三分の二以上が、パニョル戯曲を翻訳した永戸俊雄の書いたものの引用なのである。なぜなのか。その理由は、岩田が小説の作者ウジェーヌ・ダビについて「多く知らない」から「ダビの紹介者であり、ポピュリスムの紹介者である」「詞友、永戸俊雄氏」の言っていることを書きおくというのである。そして永戸の言葉を引用する。次はその一節。

「ポピュリスムをどう邦訳すべきか。〈無産大衆主義〉とやつておくのが、一番穏当だらうと思ふ。しかし、この訳語はポピュリスムを、プロレタリア文学と混同させる危険がある。だから と云つて、単に大衆主義と訳したら、今度は大衆文学か大衆小説と混同されさうだ。ポピュリスムは決して日本で観念されてるやうなプロレタリア文学でもなく、大衆小説でもない」。「ポピュリストは自然主義から取材の大胆さを継承する一方、現実の注意深い観察といふ、いまひとつの遺産を頂戴する。……彼等は貧しき人々の生活を、（同情をもつて）観察しようといふのである。無産大衆をそれまでの小説家は、十分に愛してゐない。愛されていいだけ、愛されてゐない。もつと彼らに愛情を持たう。（無産大衆への愛）――これがポピュリスムの情操的動力である。ここに一種の理想主義的な、人道主義的な色がついてくる」

内容的には軍国主義下では書けないように思うから、敗戦直後、すなわち新かなづかいになる戦後一年余の間のものかと思うが、執筆時期の特定は留保しておこう。ポピュリスムの定義が実によくわかる。永戸俊雄の理解は深い。永戸は、戦後、ジョルジュ・シムノンの「メグレもの」探偵小説なども訳出しているが、生涯をかけてマルセル・パニョルに愛着を感じ、真に傾倒したのは、わが国では、彼だけだったように思われる。

永戸の信奉するポピュリスムは、二一世紀になって跋扈する大衆迎合的な政治的ポピュリズムとは無関係、いや、明確に対立する。ただし「貧しき人々」や「無産大衆」に働きかけるという点では一致する。いかにアピールするのか、どのように寄り添うのかに違いがあるということだろう。文学的ポピュリスムでは、無産大衆が「目的」であるのに対して、政治的ポピュリズムでは、無産大衆が「手段」であるという違いがあるだろう。根っこは同じでも咲かせたい花は違う。強固な理念をもたない文学は、巧妙な政治の流れに足をすくわれかねない弱点をもつともいえよう。

岩田が永戸のことを「ダビの紹介者」と書いていることからも、永戸のダビへの傾斜は相当のものだったとわかる。岩田が自らの見解を記さなかったことは、いささかの皮肉を込めていえば、正直で賢明だった。永戸ほど、ポピュリスムに愛情ある理解を、それも肯定的に深い理解をした者はいない。だから岩田は、下手な解説を書いたら馬脚をあらわすことを自覚していたのである。その永戸訳でパニョルに親しみ、彼の戯曲を血肉化して実践的に学んだのは、(日本の新劇、特に「文学座」が永戸の訳で戦前戦後に何回か公演して好評だったことは後述するが)、一九六〇年代になってからの山田洋次が随一だった。山田洋次を日本における「理想主義的な、人道主義的な」、「貧しき人々」や「無産大衆への愛」を描いた、しかし、「プロレタリア文学(映画)」とは明確に一線を画した流れで位置づけたいと私が思う最大の根拠は、実にパニョルへの山田の愛着から発するといってよい。だが短絡的断定は差し控えよう。

以下、パニョル戯曲がすぐに映画化され、フランスでヒットした三本の映画を少し丁寧に観て、それが山田洋次にどうつながるのかを考察したい。日本では、パニョルの映画は、戦前に輸入されなかった。一九三〇年代のフランス映画黄金期の作品群に入るほどの秀作ではなかったということである。確かに当時のきら星のごときフランス映画群には及ばないから当然である。日本でパニョルのマルセイユ三部作がＤＶＤ発売されたのは二〇一七年で、製作から九〇年近くを経て、やっとパニョルの世界を私は映画で知ることができた。山田洋次は、永戸俊雄訳の戯曲によってパニョルに着目したが、山田もパニョル映画は観ていなかったろう。だが山田映画の大きな原点がパニョルである以上、パニョル映画から山田につなげていったほうが、理解しやすい。

2　マルセイユ三部作映画

a『マリウス』（アレクサンドル・コルダ監督　一九三一）

［概要］

マルセル・パニョルの戯曲マルセイユ三部作（Marseille trilogy）の第一作『マリウス』（一九二九）の映画化作品である。一九三二年に『ファニー』、三六年に『セザール』も映画化される。三作ともシナリオはパニョル自らが書いている。映画化にあたって、戯曲が簡略化ないしは省略されている。まずは、『マリウス』のあらすじ。

フランス南東部、世界の海につながる地中海に面した貿易港マルセイユ（二一世紀初頭の人口は約八五万）。港（旧港）に面した下町の小さな酒場「カフェ・ド・ラ・マリーヌ」。セザール（ジュール・レーミエ。当時の名優）が経営し、息子のマリウス（ピエール・フレネ）が手伝っている。セザールの妻はすでに故人である。この酒場は港町の連中のたまり場でもある。船道具屋をして小金を貯めているパニス（フェルナン・シャルパン）、それに港で魚の小売りをしている寡婦オノリーヌ（アリダ・ルーフ）とその娘ファニー（オラーヌ・ドゥマジ）、港の定期船の船長エスカルトフィグ、税関に勤めるブラン氏その他その他が集ってきて、毎日毎夜気炎を上げている。要するに下町地域の共同体が生きており、その共同体を彼らが代表している。この地域社会代表的役割は、山田洋次『おとうと』（二〇一〇）では笹野高史と森本レオがたった二人だけで代替して描かれるが、パニョル戯曲の影響があるだろう。そして葛飾柴又の団子屋「とらや・くるまや」に収斂されていく。それについては後述。山田におけるパニョル劇の血肉化である。

誰もが古くからのマルセイユの街を愛する、人情味のある人の良い連中である。妻を亡くした初老のパニスが、一九歳のファニーに半分冗談で、しかし内心は本気で、「結婚しよう」と口説いている。だがファニーはマリウスに恋をしている。マリウスもファニーを愛しているが、同時に、あるいはそれ以上に、海に憧れ、船乗りになってマルセイユから地中海を経て大西洋やケープタウン、オーストラリアまで出て行き、世界を見てみたいという青年らしい夢をもっている。下町の地域共同体からの脱出志向でもある。ファニーはしかしマリウスをあきらめきれず、彼をマルセイユに留めおき、所帯をもちたいと願いつつ、ある夜、彼に身を任せる。だが次の日、港を出て行く大きな船があることを知ったとき、ファニーは、マリウスの気持ちを察して彼の出航に手引きをするのだった。この街にマリウスを閉じ込めたなら、彼は将来、挫折感からきっと幸せになることはできないとの、切々たる思いがあったからである。

〔映画寸評〕

パニョルのマルセイユ三部作は『マリウス』『ファニー』『セザール』であるが、結局、このタイトルロールになっている三人が中心であり、もう一人、「ファニー」に冗談とも本気ともとれる、いや、大真面目に結婚を申し込むパニスが、その三人にからんでドラマが動きだす構成。だが戯曲をかなり短縮して二時間の上映作品にしているから、本筋からの余分を省略せざるをえなくなり、映画は、「大筋」を残して「細部」を捨てている。だが、このドラマは「細部」なり「余分」の巧妙な会話や、その場の雰囲気こそが「命」である。これは『男はつらいよ』に似る。「街の衆」や「地域の共同体」が省略されると、おもしろさは半減する。主筋は、リアリティを欠いた、いささか陳腐ともいえる恋愛ものだから、それを追いかけるだけなら二流、三流映画にならざるをえない。そこが、第二部・第三部も含めての映画シリーズの弱さである。だが「細部」の部分、すなわち街の衆や地域の人々の描写を切り捨ててまではいないから、愚作と断ずるわけにもいかない。

ほとんどがセザールのやっている小酒場での会話劇である。世間話を酒場の常連がしているのを、画面から観客に向かって喋るように撮影しており、だから映画的カットバックは少ない。舞台劇の中継を観ている気分になる。同じ一九三〇年代フランス映画黄金期の作品を何本か確認したが、それらでは深々としたバックが作品の厚みを保障している。ジュリアン・デュヴィヴィエ『我等の仲間』（一九三六）は、背景のセーヌ河や森が鮮烈な映画的印象を与えてくれる。

それにテーマも社会性をもち、フランス人民戦線の結成と崩壊を反映している。マルセル・カルネ『霧の波止場』（一九三八）は、ジャン・ギャバンとミシェル・モルガンによる愛のシーンのアップでの緊迫感のあるカットバックなどは、二人の運命的な出会いと別れを強烈な印象に高めており、パニョル映画の平板さを逆に照らし出してしまう。

舞台劇を短縮して映画に撮り直した作品だが、人情喜劇風のやりとりは、それなりに取り込まれている。だが舞台劇は「どうでもよい世間話」を延々とするわけだが、映画は「台詞は大きく減っている」。これがよろしくない。たとえば戯曲で、マリウスがパニスのことを「おかみさんに死なれてから、三か月だけれど、おかみさんに間男されはじめてからは、二十年になりますよ」などと言うが、こんな駄洒落が原作戯曲の楽しさであって、それは落語とも通じて、だから山田洋次は魅せられたともいえるが、映画では省かれている。世間話に笑いを誘われ、その舞台の雰囲気を楽しんだ人たちには、物足りないものになってしまう。マリウスとファニーの恋愛が、酒場の喧騒の中で浮かび上がってこそ、この愛の物語はおもしろい。だが本体の愛の物語を強調すればするほど、無駄なお喋りをするドラマのおもしろさは雲散霧消してしまう。

山田洋次は、余分な世間話や駄洒落のユーモアあふれる雰囲気にひかれたに違いない。主が「世間話」で、従が「愛の物語」と山田は理解したのかもしれないと思うほどだ。パニョルは非上流階級の駄洒落に満ちた世間話の名手なのである。それがポピュリスムたるゆえんの一要素であるのだが、肝心の「民衆性」は、戯曲でも映画でも、とりわけ映画ではかなり薄い。本作は凡作だが、トーキー初期のフランス映画としては一二〇分の大作でありヒットもしたようだ。まずは有名なパニョルの演劇的世界を映画化して遺したことに敬意を払っておこう。

b『ファニー』（マルク・アレグレ監督　一九三二）

［概要］

セザールとファニーは、航海しているマリウスからの手紙を心待ちにしているが、その心を知るのか知らないのか、郵便はいつも空振り。あいかわらず酒場に集まる連中はかまびすしい。やっとマリウスから手紙が届く。セザールとファニーは、手紙をくりかえし読み、返事を書きつつ、マリウスの帰りを待ちわびる。セザールは、ファニーがわが子マリウスの子どもを孕《はら》んでいるのを知って慌てる。困った、どうしよう。

一方パニスは、こりずにファニーに求婚する。ファニーが妊娠したことを知った母親オノリーヌは、父親のいない子どもを産んでは困るから、ファニーがパニスと結婚してほしいと思う。パニスは事情を飲み込み、承知のうえでファニーと結婚して子どもの父親になる決心を告げる。それを喜んでいる、底抜けに人のいいパニス。ところがマリウスが、船の大修理とかでマルセイユに突然戻ってくる。マリウスは直感的にファニーの子どもセザリオは自分の息子だと察する。ファニーはそれを認め、今もマリウスを愛していると告白するが、パニスを裏切ることはできないとも言う。セザールは、事実はどうであれ、父親はセザリオを育てているパニス以外であるはずがないから、その恩を裏切ってはならないとファニーを諭す。事情を察したマリウスは、後ろ髪を引かれる思いで、再び海へと出て行くのだった。劇的高揚感での突然の「ＦＩＮ（終）」

［映画寸評］

マルセイユ港の帆船と港町付近のロケがいい効果を出している。海のロングショットもよいし、マルセイユの山上にある「ノートルダム・ド・ラ・ギャルド・バジリカ聖堂」を見せ、ファニーが礼拝に行くシーンも快い。続いてファニーが、妊娠していることがわかって愕然としつつ、父親のわからない子どもを産むことはあってはならないから、切羽詰まった気持ちでマルセイユの歩道を歩く。それを横移動で撮っているロケのシーンは、一九三二年という時代を考えるとすばらしい映画的感性であり、前衛的ともいえるドキュメンタリー性をもっている。みごとなトラベリング（移動撮影）でもある。前作『マリウス』では、マルセイユの港も、多くがセットの感じで、実写部分とドラマ部分のつなぎが拙劣だったが、この第二部では、ロケのマルセイユの雰囲気が出ている。室内劇だから数名が部屋の中で会話をするその情味が、映画の命である。そこにプラスしたロケ部分によって、映画全体にリアリティをもたせることに成功している。

監督のマルク・アレグレは、パニョルの会話劇の情感を大切にしながらも、原作戯曲の台詞を大幅に省略して、述べたようにこの舞台劇を映像のドラマとするための工夫をしていることがわかる。パニョル戯曲の思惑を超えており、それがパニョル三部作のうち、この第二作を第一作、第三作に比してすぐれたものにした秘密であろう。マリウスに手紙の返事を書く父親（セザール）と、その息子の恋人（ファニー）のシーンは本作のコアともいえるが、人情喜劇の雰囲気がそれなりに出ている。観客に向かってセザールが立って喋り、座っているファニーがそれを手紙に書き取るわけで、まるで舞台劇、日本ならさしずめ新派劇で観客に向かって芝居をしているのと同じ感じであり、前作のコルダ演出よりもアレグレのほうが格段にうまい（そして……。山田洋次は『愛の讃歌』で、このシーンを下敷きにして、伴淳三郎と倍賞千恵子で、それに磨きをかけた映像をつくりだしていることは後述する）。画面が生き生きとしている。本作は一九三〇年代フランス映画の一応の佳品として位置づけてもよいだろう。

ラストのファニーとマリウスの再会で、ファニーの子どもの父親がマリウスであることを認め、二人は今も互いに愛し合っていると言葉で確認する。だが、二人が抱き合うのを父親のセザールは許さない。このあたりもすばらしい。愛し合いながらの、しかし必然的な別れの映画としてドラマティックに演出できている。ラストの余韻は長く残る。

c　『セザール』（マルセル・パニョル監督　一九三六）

［概要］

二〇年が過ぎる。パニスは死の床にある。息子のセザリオは士官学校で寄宿舎生活をしている二〇歳の優等生である。母親ファニーもそれなりの財産をもったパニスの妻になっている。帰省してきたセザリオは、母から、セザールの息子マリウスが実の父親であることを知らされて驚く。だがファニーはマリウスの消息さえ知らないという。衝撃を受けたセザリオは、実の父マリウスを同じく地中海沿岸のトゥーロンに探し訪ねていく。マリウスは、自動車修理業を営み、自らは技術者であり工員でもあって、独身者であることもセザリオは知る。なぜ「海」から離れたかの説明はない。パニスが死んだことを告げられたマリウスは、マルセイユに帰ってくる。

永い時間が経っており、マリウスは父のセザールと再会して抱き合うが、今も愛しているファニーを抱擁することはできない。だがファニーは、パニスへの貞節を守りながらも、マリウスを愛しつづけていた。マリウスへの愛があったからこそ、生きる勇気がもてたと、彼女は息子に語る。セザリオは何もかも事情を察することができる青年に成長しており、それらを腹に収める。ついにマリウスがファニーに言う。「いっしょになろう。だが財産などはいらない。私は労働者だ。アルチザン（職人）ってやつさ」。中年になったマリウスとファニーの話を、老年にさしかかったセザールが聞いている。やっと安らかな気持ちになれる。二人は二〇年の時を経て結ばれるだろう。そして、もう決して離れることはあるまい。

［映画寸評］

一三三分は長すぎる。パニスの死から始まるが、前二作の後日譚であると同時に、さしずめ日本なら新派的な、しかし人情喜劇としてこの大長篇を丸く収めるものになってはいる。人間っていいものだ、生きるのはやはり価値あることであり、愛は人間存在の基本を支えるということを再確認しているような作品である。少し甘いが、それがパニョルの人生観なのである。そしてブルジョアでもプロレタリアでもない、市井に名もなく生きる人々の喜怒哀楽を描くという点で、パニョルはポピュリスムの徒であるということになる。「財産などはいらない」「労働者」「アルチザン」はまさに殺し文句である。パニョルの原作にあるマリウスの台詞「おれは相変らずさ、ただの労働者だよ。なんなら、職人といってもいいがね」（永戸俊雄訳『ファニー』角川書店　一九六二）に該当する。

ラストシーンの数分間は、ロケをしており、室内劇の重苦しさから解放されていて成功している。ドラマティックな大団円でもなく、かつて愛し合い子どもまでなした市井に生きる男女が、長年消息さえも知らないままに別々の世界で生きてきたものの、二〇年余を経て、ある種の平安の中で人生を再出発させていこうとする。

ファニーとマリウスとセザールは、これから夫婦とその父親という関係で支え合いながら生きつづけるだろう。セザリオも軍隊の幹部候補生として前を向いて生きるに違いない。いや、近い将来、ファシズムが席巻してきて第二次大戦が迫り、人民戦線政府ができたりする中で、セザリオはむろん、マルセイユの人たちは人生の岐路に立たされることになるのだろうが……。ともあれ、ごたごた続きの二〇年、幸福は海の彼方にあるのではなく、生まれ育った故郷マルセイユで、その土地に生きる人々とともに紡ぎ出すものということがわかった。マルセイユは『男はつらいよ』の葛飾柴又だというのはまだ早すぎる！　とにもかくにも、収まるべきところに収まった大団円である。予定調和の人情話を肯定していることを隠そうとはしない。これがパニョルの処世観であり世界観であり、芸術観でもあるのだろう。

身を寄せ合って木立の間を歩いて行く、すでに中年になった男女を、二〇年の全ドラマをはらはらしながら見てきた老セザールの視点で写し撮ったラストはなかなかのもの。必ずしも上出来ではない三連作の中で、三部作全体をしめくくるものとして、少なくともここは、第二部ラストのマリウスの再出奔シーンとともに、及第である。善意の人々のハッピーエンドとして、パニョルは映画作家としても合格点を与えられるものに仕上げたといってよい。

余分を。マリウスを演じているピエール・フレネが、『大いなる幻影』（一九三七）でエリッヒ・フォン・シュトロハイム演じる独軍捕虜収容所長と対峙するフランス貴族出身の仏軍将校ド・ボワルデューであることが、私自身の中では結びつきにくかった。マリウス役で注目されたとあるが、やはりフレネは、ジャン・ルノアール作品でしか本当の力を発揮させることはできなかったのかと思ってしまう。フレネは舞台の『マリウス』の初演ですでにマリウスを演じているのだそうであり、こちらのほうこそが、本当のピエール・フレネだといえるのかもしれない。しかし、しかし。怪優シュトロハイムに対峙して、消えゆく貴族階級への挽歌を奏でるシーンのフレネの存在感を超えるものではない。やはりルノアールは桁違いに大きい。

3　山本嘉次郎『春の戯れ』(一九四九)

パニョルが日本で最初に上演されたのは、一九三四年に築地小劇場においてである。永戸俊雄訳での『マリウス』である。これは永戸自身が一九三五年に訳出した『ファニー』(白水社)の「訳者の言葉」で書いているのだから、そしてパニョルの邦訳は永戸のものしかないようなので、確かだろう。パリでの初演が一九二九年だから、日本公演は早かったというべきだろう。永戸がすっかりパニョル芝居に傾倒し、さっそく翻訳をして日本に働きかけた。内容的にも家族を描く人情喜劇だから親近感があったろうし、検閲にはひっかからなかったろう。パニョルの戯曲はその程度であったということでもある。

次の矢野誠一『舞台の記憶』(岩波書店　二〇一五)の記述は、わが国におけるパニョル受容史の貴重な証言である。矢野が観たのは一九五二年の二月だと書いている。

「一九五一年、私が高校二年のときだが、酣燈《かんとう》社から出ていた新書版の学生文庫というのがあって、マルセル・パニョル、永戸俊雄譯のマルセイユ劇三部作『マリウス』を買い求め、一気に読んだ。その翌年、文学座が創立一五周年記念公演と銘打ってマルセル・パニョル作・永戸俊雄訳のマルセイユ劇三部作を、『マリウス』『ファニー』『セザール』の順で三越劇場で上演している。演出は戌井《いぬい》市郎。……『マリウス』は青春の芝居だ。港町に育った宿命か、子供の頃から海に憧れ、船乗りになることを夢見ている青年マリウスは、一九二九年のパリ初演ではピエール・フレネーが演じ、日本では森雅之や大泉滉も演っているが、私の観たときは……仲谷昇だった。……ファニーが丹阿彌谷津子で可憐そのものだった。マリウスの親父のやってる酒場を舞台に、親子の情愛と幼い恋が、いつも陽気なマルセイユ人のおりなす笑いのなかに、いささかの感傷をともなって描かれるのにふれて、若いこころが大いにはずんだ。そして『蒼海亭』と題した一九三九年の初演いらい持役だという、妻を失った船道具の親方パニスを演じる中村伸郎の、とぼけているようで醒めていて、なにかおかしく、不思議な愛敬をたたえた芝居にしびれてしまったのである。……（矢野誠一は）『マリウス』の訳者永戸俊雄に原稿をたのんだ。……こころ良く応じてくれて、勤務先の有楽町にあった毎日新聞社までもらいに出かけた」

『マリウス』が、『蒼海亭』と外題《げだい》（タイトル）を変えて、一九三九年から何度か上演されているのがわかる。なお、矢野の文章から、戦後一九五二年に「文学座」公演があり、演者の名前が並んでいることから見ても、一回や二回ではなく、パニョルの舞台が、日本でそれなりの市民権をもっていたのが察せられる。素人劇団でもこの演目は上演されている。

そして、パニョルの『マリウス』『ファニー』は、戦後早々と日本で翻案されて映画化されているのに驚く。『春の戯れ』である。佐藤忠男『日本映画史』を通じて教えられた。一九四九年四月一二日に新東宝映画として封切られている。東宝争議の余波の中で、山本嘉次郎が脚本を書いて演出もしている。東宝争議のことはここでは触れないが、黒澤明の師である山本は、軍国主義を賞賛する『ハワイ・マレー沖海戦』（一九四二）などの戦意高揚映画を撮っている巨匠。戦後は自己批判もあって、原則的に組合支持側だったとされる。『春の戯れ』は高峰秀子の主演。戦前の名作『綴方教室』（一九三八）、『馬』（一九四一）の子役・高峰が、みごとな「女」になっている。二五歳。この作品が二〇二一年になってからDVDで発売された。

DVDの解説から抄出する。

「幕末の動乱も終わりを告げた明治初期。品川の居酒屋〈入船屋〉の倅《せがれ》・正吉（宇野重吉）は、まだ見ぬ海の向こうへの強い憧れを抱いていた。横浜に来航したノルマンジャ号を目にし、その想いはさらに強くなっていく。……正吉にはお花（高峰秀子）という幼馴染の女性がいた。お花は正吉を愛していて、正吉もその気持ちは一緒だった……」（新東宝キネマ　ノスタルジア）。

二人は契りを交わしたが、翌日、正吉はノルマンジャ号に乗って遠い海の向こうに去っていく。お花は正吉の子どもを宿していたが、呉服商の旦那・徳兵衛（三島雅夫）が、生まれてくる子どもを自分の子どもとして育てると約束してお花をめとる。子どもが生まれ、お花は新生活に入っていくが、それから数年、正吉が帰ってくる。徳兵衛は何もかも腹に収めて、お花と正吉を添わせてやる。

正吉の父親を徳川夢声が演じているが、セザール役ということになる。ファニー＝高峰、マリウス＝宇野、パニス＝三島であり、開化期の品川でチョンマゲと洋装のごちゃ混ぜながら、パニョル作品そのものである。ただし、人情話のからんだラブストーリーという点ではパニョルをそのまま借用しているが、パニョルドラマの特色である町衆のにぎやかで雑然とした雰囲気の中の連帯感、民衆的なものへの共感といったものには無頓着であり、笑いはなくユーモアにも欠ける。港町の風情も希薄で、風変わりな純愛物語である。人情物ではあってもポピュリズム的要素がないという点では、パニョルの原作の本質を決定的に欠いている。山本はパニョル劇の最も重要なところを理解できていない。仏はつくっても魂が入っていない。

パニョル劇を明治初期の港町に置き換える作劇術において、山本嘉次郎はみごとである。高峰秀子はそれなりに演じている。正吉はいいかげんな男だが、宇野重吉が演じると、ある種の誠実さがにじみ出るから不自然な物語にはならない。だが『春の戯れ』を見て、逆にパニョルのマルセイユ・ドラマを思い返すと、男のエゴイズムが日仏とも公然と大手を振って歩いている感じである。マリウスはなんともいい気なものである。ファニーをやすやすと自分のものにする。女は悲しみに耐えに耐える。愛は女性を強くするといいたいのかもしれないが、まるで泉鏡花の新派世界であって、なんとも安易である。それに、仏日ともにパニスや徳兵衛のような男にはリアリティが希薄なのではないか。とりわけ明治の開化期に、女の産んだ子どもを引き取って自分は幸せであると嬉々としている旦那衆が存在する社会的条件があったとは思えない。徳兵衛は三島雅夫でなく宇野重吉が演じたほうが、人のよさが出たかもしれない。宇野が『西鶴一代女』（溝口健二　一九五二）で演じた誠実な商人が、私には徳兵衛に重なる。

ともあれ、ここでもパニョルの日本での受容の歴史が期せずしてわかって参考になる。要するに、永戸が日本に種をまいたパニョルのマルセイユ劇は、原作の力があったにせよ、着実に日本でも生きていたのである。山田洋次も、この流れの中で、パニョルを自分流に育んでいくことになったのだろう。ただし、山田洋次が高峰秀子作品を公開時に観たかどうかはわからない。山田が学生時代にパニョルの洗礼を受けたのは、後述するが確実である。だが、フランス映画版でないこともまた確実である。戯曲で読み、演劇として知り、それが源流となって、一九六七年の『マリウス』『ファニー』の翻案である『愛の讃歌』へとつながっていくことになる。

4　ジョシュア・ローガンの映画『ファニー』（一九六一）

第二次大戦前である。東京大学法学部出身の『毎日新聞』エリート記者・永戸俊雄は、パリ支局に駐在し、マルセル・パニョルと直接知り合い、破格の友誼《ゆうぎ》をもって受け入れられた。既述のように彼に親炙し、戯曲『ファニー』を早くも一九三五年に翻訳するに至った。翻訳本の巻頭に一六ページにわたる「訳者の言葉」がある。パニョルへの思い入れの深さがわかる。この文章はみごとで、日本上演を後押しするのに役立ったに違いない。その一節にポピュリストという言葉が出てくる。「マルセイユもののパニョルを、近頃はやる〈ポピユリスト〉のスターに祭りあげる。〈ポピユリスト〉は民衆作家とでもいふべきか。ただし日本でいふ大衆作家とは性質が余程違ふ。小説界では、……『オデル・デユ・ノール（北ホテル）』のユゼーヌ・ダビなどがポピユリストとして聞えてゐる。『マリウス』以来、劇界ではパニヨルがさうだといふことになつた」。戦前であるから「無産大衆への愛」などとは書けなかったのだろう。だが、まだ一九三五（昭和一〇）年なら「民衆作家」と説明することは可能だったということか。ともあれ、それがいちばん的確であるといってよかろう。パニョルは、ポピュリスムという小さな文学史の流れに連なる貴重な文学者なのである。

パニョルのマルセイユ劇が、戦後に海を渡って遠い日本で山田洋次に影響を与え、まずは一九六七年の『愛の讃歌』に結晶し、さらに『男はつらいよ』を中心とした「山田ワールド」につながり、多彩に開花していくとの解釈が可能になる。逆にいえば、山田がパニョル文学の洗礼を受けていなければ、『愛の讃歌』はもとより、『男はつらいよ』は、今あるような形で成立していなかったといえるだろう。ことほどさようにパニョルのドラマは、山田には決定的な意味を与えた。そのことを確認し、パニョル的要素がどのように山田と関わるのか、山田がパニョルをいかに受容し、わがものとしていったか、あるいはパニョルを離れて自立して、『男はつらいよ』につながっていったのか等々を見ていくのが本書のめざすところである。

むろん戦後であるが、山田が学生時代にパニョルを読んで熱中したとしても（山田は文学座の芝居は観ていないと言っている）、それだけでは、パニョルの舞台をマルセイユから日本の小さな門前町に移して映画をつくるということには結びつかない。山田はむろんその時点でフランス映画は観ていない。もっと直接的な契機というか、パニョルこそという気分が醸成されていった動機が必要であろう。山田をパニョル劇の映画化へと導く直接的な足がかりを与えてくれたのが、アメリカ映画、ジョシュア・ローガン監督『ファニー』の日本公開であろうと推測できる。そしてこのアメリカ映画が一定の評価と興行成績を得たことも重要であろう。これを観て、山田の中にくすぶっていたパニョル劇への関心と傾斜は再燃し、深まっていったに違いない。

ジョシュア・ローガンの『ファニー』は、一九五六年にブロードウェー・ミュージカルとしてローガン自身が演出したのを映画化したもの。パニョルの三部作のうち、『セザール』はかなり書き換えてあるが、あとはパニョル劇とほぼ同じで、三部作すべてを一本にしている。あらすじをくどくど書く必要はないだろう。双葉十三郎の映画評から少しいただく。「海に憧れるマリウス（ホルスト・ブッフホルツ）が船出したまま戻らないので、彼の子を宿していたファニー（レスリー・キャロン）は親切な初老の男パニース（モーリス・シュヴァリエ）と結婚、生れた男の子をパニースの子供として育てる。おだやかな日々が過ぎるが、マリウスが帰ってきたのでファニーの心は揺れ動く。死の床についたパニースがファニーと一緒になるようにとマリウスへの手紙を遺すラストまで、シュヴァリエとレスリーのおかげで港町マルセイユの雰囲気、フランス風人情味がよく醸しだされている」。マリウスの父セザール役のシャルル・ボワイエもよくやっているが、同じ仏俳優同士でも老練で個性あふれるシュヴァリエと並ぶと、やはり昔の二枚目も分が悪い。

「キネ旬」にも、それなりの批評が書かれている。井沢淳の文章は永戸俊雄から始まる（No.309　一九六二年四月下旬号）。ここでも永戸とパニョルが一体であることを思い知らされる。「舞台劇は、故永戸俊雄氏の名訳で、われわれにも印象ぶかい思い出になっている。それが初演されたころ、日本は三国同盟への暗い道を歩いていたので、この作品の明るさは、なにか胸のつまるものがあった。……そんなことを考えながら、この映画を見ていると、第二次大戦のまえとあとで、世界が大きく変ったことに改めて驚く。ファニーやマリウスは、第二次大戦のなかで死んでしまい、いまのフランスには、もうそういう人間像はいないのだという感慨が、ひしひしとする。……一分たりとも一人でいるのが恐ろしく、どんな無意味な話でもしていないと不安にかり立てられる現代において、自分を見つめることはむずかしい。だが、それでもファニーはだれの心にもあるというのが、製作者の信念であり、このオールド・ファッションのドラマを映画化した動機であろう。それは、たしかに成功している。ユーモアとペーソスというカラメ手で、この作品は、人の胸に人間というものをしのび込ませる。なにか忙がしく生きている人たちに、ささやきかける力がある。それが……心温まる、おめでたい映画になった原因である。……もちろん、この人生、舞台装置である社会的環境が大きく変っている現在、そのまま通用するものではない。それにもかかわらず、今日に連がるものを感じさせたのは、立派なものだ。原作がやはりそれだけ、しっかりしているのである」

パニョルのドラマが山田洋次のポピュリズムへの傾斜の要因の一つになっているという前提で、二一世紀になってから、この井沢評を読むと、「ユーモアとペーソスというカラメ手」、「オールド・ファッションのドラマ」、「人の胸に人間というものをしのび込ませる」、「忙しく生きている人たちに、ささやきかける力」、「心温まる、おめでたい映画」等々のフレーズが、『男はつらいよ』なり山田洋次作品のすべてに通じるもののように思えてくるから不思議である。すぐれた映画評にもなっている。

『ファニー』の日本公開は、一九六二年四月二四日である。山田洋次の年譜に当てはめると、デビュー作『二階の他人』の公開が一九六一年一二月一五日であり、第二作『下町の太陽』は一年半おいての一九六三年四月一八日なので、その間に封切られたアメリカ映画ということになる。だが、試写会なるものに当時の山田は無縁な多忙時、あるいは不遇の時代だった。山田が観たことは確実としてよいが、大船（鎌倉市）なり東京の二番館での鑑賞だったかもしれない。これまで活字で接していたパニョルの世界をどんな思いで、映像として観たのだろう。ここでのパニョルとの再会は、山田にとって決定的に大きい。

だが、瞬く間に山田に衝撃を与えたというものでもなかったろう。ボディブローのように、少しずつ山田の中に効いていったと思いたい。さらには、以後、山田が紡ぎ出す作品が、自分に納得のいくものとは必ずしもならなかっただろうことも想起しておかねばならない。『男はつらいよ』以前の山田はまさに模索期で、どの方向にでも向き合える多様な芽をもっていた。『男は長い手さぐりの中で、『馬鹿まるだし』（一九六四）や『なつかしい風来坊』（一九六六）など、まずは合格点の作品を経て、『ファニー』とパニョルの世界が山田の気持ちの中で徐々に頭をもたげてきたのではなかろうか。『男はつらいよ』以前の山田には、満たされぬ思いがあり、欠落感があったに違いない。どう進むのか、何を摂取し何を捨てるのかがわかっていなかった。しかし、パニョルのドラマには取り組んでみたい、これに賭けてみたいとの思いが湧き出てくるのを感じたのである。

初期の山田についてくりかえす。山田は、SP（添え物的な一時間程度の中篇）の『二階の他人』でデビューしたが、「コメディ・センスは随所に散見されるがカリカチュアが不足して合格点に至らず」（『山田洋次・作品クロニクル』）、その後、もっぱら野村芳太郎周辺の作品の脚色を誰かと組んでやっていた。『寛美の我こそは一等社員』、『あの橋の畔《たもと》で　一、二、三』（監督・

野村芳太郎）、『九ちゃん音頭』など、プログラムピクチャーの「脚本を書きまくった」（同上書）時期である。東映の教育映画を数本、シナリオを手がけてもいる。この時期、『ゼロの焦点』や『砂の器』脚色のため橋本忍の家に通ったのも、山田を育てるための野村の配慮だったようで、山田自身「随分と野村さんに感謝すべきなのである」と言っている（『橋本忍　人とシナリオ』市川町 橋本忍記念館　二〇〇四）。ともあれ修行時代であり、主体的な仕事はさせてもらっていないが、このときのあれもこれもの仕事が、以後の山田には大いに養分になったことは確実である。雌伏《しふく》のときであった。

一九六三年には第二作『下町の太陽』を撮っているが、会社側の評価はよくない。だが、この作品はプレ『男はつらいよ』作品一四本のうちのベスト三くらいに入れるべき作品である。「ほら、隅田川を越えるとぐっと景色が変わるだろう」との下町への親近感を表す台詞があるが、山田における「下町」の発見は、『男はつらいよ』の葛飾柴又に通じるから重要なのである。『下町の太陽』は、肉体労働者として働く青年群像を描いたもので、これは山田の作品歴では貴重なものであり、このような額に汗して働く者を本格的に描くのは、『男はつらいよ望郷篇』（第五作、一九七〇）の汽車の缶焚き青年のエピソードなどを除くと、『故郷』（一九七二）あたりまであまりないのではないか。ともあれこの時期に『ファニー』を見て、感じるところがあり、印象に残ったことは重要だろう。そして、以前から気になっていたパニョルを何らかの栄養分にしたいと考えはじめる。それが実って日本版『ファニー』である『愛の讃歌』

が生まれるのが、五年後ということになる。

パニョル戯曲を読み、いまだ先が見通せていない時代に観た映画『ファニー』は、必ずしも満足するものではなかったろうが、山田が様々な思いの去来で感慨にふけり、それを自分の創作にどう生かすべきかを考えようとしたことは間違いない。パニョルの原作も読み返しただろう。いつか自分も『ファニー』のような作品をつくりたいと思った。山田自身が『下町の太陽』で描いた「低い階層」の人々の「誇りに満ちた」姿や、『運が良けりゃ』（一九六六）の落語の八っつぁん熊さんたちのバイタリティーやナンセンス、さらには権威を笑い飛ばす様を、どう一つの作品に結実させていくかについて考えをめぐらせた。どこまで具体的な練り方ができたかはわからないが、心中深く、いつかきっと、との思いはあったに違いない。そして山田の中に潜んでいたパニョルに灯がともることになったのであろう。

パニョルの芝居を観て共鳴感をもっていた森崎東が、京都松竹から大船の野村組の助監督になってやってきて、山田と親しくなる。『なつかしい風来坊』（一九六六）あたりから山田の助監督を務める。『ファニー』は、確実に山田の創作意欲と創作方向を強く刺激していくことになった。先走っていえば、マリウスとファニーの物語は、『男はつらいよ』の基調になる、寅次郎の「放浪」とさくらの「定着」へとつながっていく。まさしくパニョル劇は『男はつらいよ』の原点なのだ。だが、森崎との関係はまだまだ述べなければならない。

第8章　『愛の讃歌』から『音楽劇　マリウス』へ

1　『男はつらいよ』のルーツとしての『愛の讃歌』

深沢哲也のあらすじつきの『愛の讃歌』（一九六七）評を見ておこう（「キネ旬」増刊『日本映画作品全集』一九七三）。「マルセル・パニョルの『ファニー』をほん案映画化した山田洋次監督作品。脚本は山田と森崎東。瀬戸内海の小さな島・日永島を舞台に美しい庶民の人情がユーモラスに描かれている。島の若者・竜太（中山仁）は夢を抱いて島を出る。残された恋人・春子（倍賞千恵子）は竜太の子を宿していた。それを知った初老の医者・伊作（有島一郎）は、春子を自分の家にひきとるが、いっしょに生活しているうち次第に春子とその子供に愛情を抱くようになって行く。瀬戸内海の風景がすばらしいし、伴淳三郎、太宰久雄、渡辺篤、千秋実などの老人組の扱いがとくに秀逸だった。95分」。最後は、竜太が帰郷してきて、春子と結婚をする。

この文章を書いている深沢哲也は、報知新聞文化部の記者で、山田洋次のデビュー以来、ずっと山田に声援を送りつづけてきて、『男はつらいよ』も早い時点で評価し、世に認めさせるために地道に紹介しつづけた人として記憶しておきたい。山田の第一作『二階の他人』（一九六一）を、「小品ものながら、山田監督の才気を感じさせる好編だった」と記していることも確認しておこう。初期山田作品を高く評価して、時として自信を失いがちになる山田を支えた評論家、新聞記者、小説家がいたことは記憶にとどめておきたい。逆にいえば、巨人・山田にも、気持ちが折れそうになる若い修業時代ともいうべき時代があったのである。

パニョルの『マリウス』『ファニー』の舞台であるマルセイユを、広島県の島嶼《とうしょ》部に変えて日本化した人情喜劇である。だがキャラクターにも、それぞれ山田的な個性を付与していて、翻訳物という匂いは払拭されている。さらに、映画『ファニー』でシャルル・ボワイエ扮するマリウスの父親セザールよりも、『愛の讃歌』の竜太の父親・千造を演じる伴淳三郎の位置を拡大しているのが特徴である。有島一郎の医者・伊作は、さしずめ『ファニー』のモーリス・シュヴァリエ演じる商人パニスに該当するのだろうが、シュヴァリエと中年の伊作が、ファニーや倍賞演じる春子に寄せる愛情の質が大きく違っているのは、山田洋次の今後の作品群を考えていくうえで重要である。

シュヴァリエのパニスは、たとえファニーの産むのがマリウスとの子どもであろうが、若いファニーと結婚できればよいと思っている。人のよいのはパニスも伊作も同じだが、有島の伊作は倍賞千恵子の春子に対して、「性」の介在なしに、子どもまるごと引き取って結婚してもよいと思っている。伊作は性的結びつきに罪の意識をもっているクリスチャンだという設定が、パニョルやローガン映画と決定的に違う。山田は、有島一郎に、ひたすら無償の一途な愛を切なく演じさせて秀逸である。「性」を介在させない愛は、以後の山田作品、とりわけ『男はつらいよ』の車寅次郎につながっていくものがあるといってよかろう。有島は、『愛の讃歌』の前年の作品『なつかしい風来坊』（一九六六）でも、また『愛の讃歌』の翌年の『吹けば飛ぶよな男だが』（一九六八）でも絶妙の存在感があるが、その両作でも、「性」の問題で潔癖性を貫きたいとする人物像をつくりあげている。山田洋次の作家的特質、山田喜劇に性をどう位置づけるかの葛藤がほの見える。そして『男はつらいよ』に「性」をストレートには持ち込まないところに行きつくことで、山田洋次の喜劇の世界は完成する。

『愛の讃歌』のシナリオは、山田と森崎東の共作である。『世界の映画作家14』（キネマ旬報社一九七七の増刷版）で、山田と森崎が別々のインタビューにおいて次のように語っている。まず山田。「前々からやりたいと思っていた作品で、森崎東君と本を書いていたのは、この一年ぐらい前なんです。……『ファニー』の芝居は、落語と同様ずいぶん参考になっていますね、僕自身の仕事には」。次が森崎東。「僕はマリウスを学生時代に見まして演劇を見たのは初めてだったと思うのです。高校の演劇部がやったんですが、とても印象が強くて、マリウスがやりたい、なんて話して、彼（山田）も、別にそう思っていたらしいんですよ。それでやったんですけど『愛の讃歌』というのは僕の作品じゃないような気がするんですね。……僕が書いたラストシーン、その他後半というのは、全く洋ちゃんが書き直しているわけです」

森崎は一九二七年生まれで山田より四歳年長であるが、大学進学に手間どり、また京都大学でも政治運動に関わったり、家城巳代治の『雲ながるる果てに』に感動したりもしているが、あれやこれやで松竹の助監督になったのが三〇歳になる少し前の一九五六年であって、一年浪人している山田の入社よりさらに二年も遅れることになった。ということで森崎は、山田が一本立ちになってからは彼の助監督をしながら、一九六六年の『なつかしい風来坊』でシナリオを共同で書き、『愛の讃歌』は山田とのシナリオ共作二本目である。やはり山田を親近感をもって「洋ちゃん」と呼んだ橋本忍などとともに、かなり少数の山田に近い映画人であろう。

森崎の言い分は、森崎作品を何本か観ている者にはよく理解できる。確かに「後半」は、「全く洋ちゃんが書き直している」だろう。「キネ旬」(一九六七年五月上旬号)に山田・森崎の合作という形でシナリオが発表されている。だが後半部は、映画とは違うのがはっきりわかる。たとえば伴淳三郎の千造が、若いときのアバンチュールを船長や備後屋に語って聞かせるところがある。千造が船に乗っていた頃の思い出話である。船の行く先のある港の娘と恋仲になるが、「なーに、相手の親は校長先生じゃ、わしらのようなもんに娘はやれんと、こうぬかしよってな」、二人は心中しようということになった。海に飛び込んだが、二人とも泳ぎは得意だったから死ねずに、陸に上がって二人は別れてしまった。三年ほど経って偶然、千造は相手の女に会ったが、相手は亭主と一緒に子どもを連れていた。そこで千造は言う。「女に逢うのはええ。その息子じゃ、ええか、……もしその息子がわしと同じ顔しとったらどげんしょうかと思うての。……何とその横におった亭主の蟹が笑うたような赤面と瓜二つでの、わしゃホッとしたもんじゃ、アハハハ」

ここには明らかに「性」が介在する。だが映画では、このエピソードはすっぽり欠落している。この部分は「洋ちゃんが書き直している」のであり、シナリオ全体としては、パニョルの戯曲のパニスの人物形象を大きく変えており、有島の医師・伊作の人物形象を、山田流にしている。「性」抜きのこういう潔癖さを山田は志向したし、森崎は「性」も含めてごった煮的なものを好み、俗物的なものを描くことを通して人間臭さを強調しようとしたといえよう。『吹けば飛ぶよな男だが』（一九六六）の花子（緑魔子）のような、汚されても汚されても、その本質の純正さや聖性はますます明確になってくるような逆説的表現は、山田の発想ではなく森崎的な作劇術のように思える。

山田と森崎の同一と差異は、一つのテーマになるだろう。森崎と山田は、同じ方向を見てはいても、それをシナリオなり映像にする資質や感性は違う。だが二人は互いに刺激し合ったはずである。相手から何を学び、何を切り捨てるかで、二人はそれぞれ内面での、いや直接ぶつかるという形での葛藤をもっただろう。そして互いの才能を評価することにおいて終生変わらなかった。森崎の「洋ちゃん」という呼称には、親愛なる好敵手・山田への万感の思いがこめられている。森崎なら『愛の讃歌』のラストをこんな甘いハッピーエンドにするのは意に反しただろうとは、二人の映画を知っている者なら容易に想像できる。山田は『愛の讃歌』という陳腐なタイトルを承諾したが、森崎なら妥協せずに拒否したのではないか。ともあれ、ここは山田が押し切った。いや、『愛の讃歌』全体が、森崎的な毒を押さえての山田的な「愛」の作品にまとめられている。だが二人の個性やドラマツルギーの違いによる相互葛藤は、二人が強烈な個性をぶつけ合うことによる正反合になるのであって、そこから互いが学んだものは大きかったろう。とりわけ山田は、森崎の破調ともいえる強烈な人間性や芸術的資質に出合っての激しい自己内部の葛藤があったはずで、それがなければ、逆説的な言い方になるが、以後の「純正」な人間探求者としての表現者になれなかったのではないか。山田は、森崎を反面教師として、余分を削ぐという作劇術を習得したのではないか。松竹における微笑ましくも激烈な好敵手物語でもある。

2　放浪と定着の相互憧憬

『愛の讃歌』には、佐藤忠男の、山田洋次を考えるうえで重要な作品評がある。少し長くなるが引用する（「キネ旬」No.440　一九六七年六月上旬号）

「昭和二十四（一九四九）年に山本嘉次郎が脚本・監督した『春の戯れ』というのも、たしか

『ファニー』の翻案で、しかも一応の佳作だったと記憶している。……ローガン版の『ファニー』でもそうだったが、この原作の鍵は、ひたぶるに広い未知の世界に憧れる若者の心と、幸福は伝統的な人情共同体のなかにこそあるべきだとする女の生きかたとの間の、心ならずもの悲劇的な分裂にある。その二つの主題が、どちらも、ほんとうにもっともだと共感できるように描かれれば描かれるほど、その結末は、仕方のない失敗として、許され、いたわられるべき悲劇として、ほのぼのとした涙をさそうことになるはずである。……今日の日本には、停滞している故郷を見捨てて、大都市なり、外国なりへとひたぶるに憧れている若者はゴマンといる。が、いっぽう、わが故郷こそは世界でいちばん幸福の充ちた土地である、と老人たちが言いきれるような土地がどこにあるか。……ローガン版の『ファニー』でも、マルセーユの港町の雰囲気描写自体が、まさに、こんないい土地を捨ててまでも、なんで若者たちは他所へ行きたがるのか、という気分を一応はかもし出していた。

『愛の讃歌』は、瀬戸内海の小島のうららかで人なつっこい雰囲気を良く描いているが、そこに主として見られるモチーフは失われた心の故郷を求める回顧的な精神であって、こんないい土地を捨てて若者はなぜ外国へ行きたがるか、というほどに昂然たるものではない。いっぽう、この小島を捨ててブラジルに行き、失敗してもどって大阪に行きなおす中山仁の若者にしても、外の世界へのあふるるばかりの憧憬で心が躍っているわけではなさそうである。この小島にいたのでは、どのみちいい若者が喰ってゆくこともできやしないから、止むなく出かけてゆく、というまでのことで、幸福についての二つの相反した考え方の相剋、というふうにはちょっとならない。だから、伴淳三郎の好演にもかかわらず、老人が息子を島に引きとめようとする行動は納得しがたいし、倍賞千恵子のヒロインの悩みかたも、やや現実味を欠いてみえる。若者が田舎を捨てるのが当然なのが日本の現実であるならば、それを送り出す親たちや恋人の姿もまた、こんなふうな、突然の災難みたいなあわてふためいたものでなく、もっと考えぬかれたものでなければならないのではないか」

この佐藤忠男の文章は、一九六七年の五月頃に書かれたものであろう。高度成長初期における「世界に憧れる若者」と「伝統的な人情共同体」との対比・相反の問題の大きさをあらためて考えさせられるが、一九六九年から始まる『男はつらいよ』を念頭に置いて考えてみると、まるでマリウス（ホルスト・ブーフホルツ）は車寅次郎であり、ファニー（レスリー・キャロン）は寅の妹さくらに思えてくるのは確かである。マリウスははるか海の彼方へ憧れたが、故郷のことも忘れられないし、ファニーはひたすら故郷の田舎の共同体社会に居場所を見つけようとした。しかしマリウスの海への憧憬も理解できる。愛する人の憧れを満たしてやりたい。さくらは故郷を離れることはないが、寅の旅愁感や異郷の人々との歓喜の出合いの気分に共鳴する心はもっている。そして『愛の讃歌』で、春子と伊作との間の「性」を回避したことと、寅とさくらを異母兄妹という禁忌の関係にしたことに、山田的な嗜好があるように私には思える。佐藤忠男には『男はつらいよ』への予感があったのだろうか。

『男はつらいよ』は、「放浪する寅次郎と定着するさくらの相互憧憬」の物語だと、これまでも私は定義してきた。寅はさくらたちが柴又にでんと構えた生活の本拠をもつことに人間の本当のありようを見るし、さくらはさくらで、旅をすることで自由を満喫するかに見える兄に、真に解放された人間の魂を見る思いで憧れる。「放浪」のほうが「定着」への思いより強いのではなく、むろんその逆でもなく、両者が同じ力で引き合うから、バランスがとれる。定着者は放浪を夢見るし、放浪者は定着に心躍らせる。人類の歴史の中でも、狩猟採集社会とか農耕社会とかの言葉が使われることがあるが、それはさておいても、定着することを基本とすることと、何かを求めて放浪することという相反する力、あるいは両者をともに求める気持ちは、人間の中に内在する本能なのだろう。両者には互いに自分にはないものがあって、それぞれに優位的、同時に劣位的側面をもつがゆえに、両者は憧れ合う関係にあることができるのではないか。「放浪」と「定着」は、楯の裏表であり、合わせて一つという関係になるともいえよう。放浪者の寅次郎と定着者のさくらは、両者合わせて、あるべき人間の裏表ないしは合わせて一本ということもできる。『男はつらいよ』は、人間存在のありようなり、人間における幸福や自由とは何かを考える、最も基本的な命題を内在させている超大なスケールの作品だといえる。

三木清は『人生論ノート』（一九四一）の「旅について」で書いている。「旅に出ることは日常の生活環境を脱けることであり、平生の習慣的な関係から逃れることである。旅の嬉しさはかように解放されることの嬉しさである」。「けれどもそれによって彼が真に自由になることができると考えるなら、間違いである。解放というのは或る物からの自由であり、このような自由は消極的な自由に過ぎない」。「真の自由は物においての自由である。それは単に動くことでなく、動きながら止まることであり、止まりながら動くことである」。寅の自由は故郷を飛び出して旅をするわけで、「或る物からの自由」ではあるが、括弧つきの自由の獲得である。また、さくらは柴又に根づいた生活を築いており、寅に対して優位ではあるかもしれないが、そこで「物においての自由」を完璧な形で実現しえているとはいいきれず、「お兄ちゃんと交代し」（第八作）て旅をしたいという気分をもつことになる。三木清も「動きながら止まることであり、止まりながら動くことである」と抽象的な言葉で語り、不得要領な説明しかできない。それ以上に説得的な提起はできないのである。

山田の『遥かなる山の呼び声』（一九八〇）についても一言つけ加えておかねばならない。はっきりと『シェーン』（一九五三）を「基にした」ものであるが、『シェーン』は、「定着」する農婦（ジーン・アーサー。キャプラ映画のヒロイン！）と「放浪」のガンマン・シェーン（アラン・ラッド）の相互憧憬が芯の部分なのである。だが、『シェーン』は、明らかに「定着」の優位性を描いている。『シェーン』のラスト・ショット、シェーンが墓標の間を通って去って行くことの意味が論議されたことがあるが、結局のところ負傷したシェーンの死を暗示するのではなく、シェーンの行きつくところが「定着」ではなく、原野でのはかない墓標を終着点とせざるをえないという宿命をもつという意味なのである。それはアメリカの西部開拓史が大いなる移動の中で、それぞれが定着点を獲得したということとつながるだろう。三木清の「物においての自由」とも照応する。『シェーン』から『遥かなる山の呼び声』を経て『男はつらいよ』に至る筋道があることも心しておかねばならないゆえんである。『男はつらいよ』は、一本道で生まれてきたものではない。

「放浪」と「定着」の相互の「憧憬」が、『男はつらいよ』シリーズの根底に流れるものであるとするならば、寅の物語へと矮小化してはいけないということになる。寅とさくら（団子屋の人々）の重みは等価であらねばならない。したがって、さくらの存在とその意味の重みを的確に捉えきれないと、『男はつらいよ』を見誤る。ここは『男はつらいよ』論で、最も重要なところなのだ。この基本構造がしっかりしていたからこそ、五〇作にもなる長大シリーズになりえた。第四二作『ぼくの伯父さん』（一九八九）以後、定着者さくらの息子である満男（吉岡秀隆）に軸足を移すことができたのも不自然ではないし、二〇一九年にもなってから半世紀にわたる第五〇作『お帰り　寅さん』が成立しえたのも、さくら・満男の定着者ラインが、旅する寅次郎と対峙してしっかりと位置づけられていたからである。そういう理解に私が達したのは、もとはといえば佐藤忠男に教えられたところが多いのだが、佐藤は『男はつらいよ』が出現する二年も前に、早くも寅次郎とさくらの原型のような男女を、『ファニー』の若い恋人同士に見ている。見てはいるが、それを明確に指摘するところまでには至っていない。「マリウス」と「竜太」と「寅次郎」が、決して故郷を忘れられないように、「ファニー」と「春子」と「さくら」は、放浪する男をどこかで憧れ、慕いつづけるのである。佐藤の洞察に感服し、佐藤の中で確たるとまではいかない予見の域にある鋭い見解から私は多くを学んだ。そこから私の『男はつらいよ』論の揺るがぬ基盤が出来上がったことを、ここで再確認しておかねばならない。

3　ポピュリズムの両義性

一九六七年の『愛の讃歌』が必然的に「山田洋次とポピュリズム」という命題を誘いだすことになるはずである。『愛の讃歌』は山田の第一〇作であるが、これを詳しく論じたものはない。少なくとも『愛の讃歌』を山田映画の「核」になるとの視点で読み解いたものは皆無である。だが山田の作家論を展開するためには、『愛の讃歌』は避けて通れない重要な作品である。作品自体は上出来とはいえないにしてもである。この作品こそが、『男はつらいよ』のみならず全山田映画を貫く本質を一番明確に、しかも原初的な形で提起したものであると思う。山田が、真に映画作家としてどう進むべきかを自覚する契機となったのが『愛の讃歌』だと提起したい。まずは『馬鹿まるだし』（一九六四）や『なつかしい風来坊』（一九六六）を横に置いて、本格的な山田映画はここから始まるということで、山田洋次論は構築できるはずである。『男はつらいよ』の原点「ここにあり」との仮定は成立するといってよかろう。したがってなぜ『愛の讃歌』が山田の、そして『男はつらいよ』のルーツなのかを、少し丁寧に明確にすることから始めねばならない。

『愛の讃歌』の原作が、マルセル・パニョルの『ファニー』（『マリウス』をも含むが）であるのだから、必然的にパニョルに光を当てなければならなくなる。しかし、こうしたことは、山田論を展開する多くの者が、『男はつらいよ』シリーズが終わる頃になってから気づきはじめたように思われる。いや、『男はつらいよ　寅次郎紅の花』（第四八作）が一九九五年につくられ、渥美清が倒れ、彼岸の人になった一九九六年以後でも、『男はつらいよ』は、パニョルから始まる太い線があるとして作品分析を本格的に論じた映画論や研究者はいなかった。

私にしてからが、一九八四年に少し『愛の讃歌』について書いたものが残っているが、まだ肝心なことを見ていない。『男はつらいよ』と微妙な連続性があるのには気づいているが、核心からはほど遠い。「港町に働き生きる多彩な人間群像のしたたかさがユーモラスに描かれなかったら新派悲劇になっていたろう。それだけセンチメンタルな情感の勝った作品である。港町の群像は躍動していてやはり出色といえよう。……結局はトラヤ一家のなかにすべて流れこんでいく系譜の群像描写には、山田の人間への愛と思いやりがにじみ出ている」云々（拙著『山田洋次の世界』シネ・フロント新書　一九八四）。『愛の讃歌』の「待帆亭」は「とらや」の原型であり、「待帆亭」に集う「船長（千秋実）」や「備後屋（太宰久雄）」は、「タコ社長（太宰久雄)」に結実していくであろう。「待帆亭」の主は千造であり、伴淳三郎が好演しているが、形をかえて『男はつらいよ』のおいちゃん、おばちゃん、とりわけ森川信がその役を担うという筋道が敷かれたともいえよう。山田洋次は、森川信に伴淳三郎のような役割をもたせようと思っていたのではないか。山田は伴淳には手こずったが森川との相性はよかったようである。渥美清とはがっぷり組めると思っていたろう。むろん『愛の讃歌』の春子(倍賞千恵子)は、さくらであり、春子は恋人の竜太(中山仁)を待っているが、さくらには夫の博(前田吟)がおり、夫と等価値となるほどの存在として異母兄・寅次郎の帰宅を待っているという形になる(博には中山仁が想定されていた)。

私は二〇一二年に著した『山田洋次と寅さんの世界』(大月書店)に、マルセル・パニョルの著作『笑いについて』(鈴木力衛訳　岩波新書　一九五三)を取り上げ、パニョルの喜劇論は『男はつらいよ』の笑いに援用できるとの指摘はしており、パニョルの『ファニー』について、「寅さんシリーズをつくる中でどれほどこの戯曲から学ばせてもらったかわからない」との山田の言葉を探し出して引用しているだけである。フランスのロベール・ゲディギャンの『幼なじみ』(一九九八)のパンフレットに、山田が二〇〇一年に書いた文章の一節なのである。ともあれ、私の考察は薄っぺらいが、並み居る「寅さんファン(研究者)」も、そのあたりに気づいていなかったのではないか。

ちなみに監督ゲディギャンには、マルセイユを舞台にした『キリマンジャロの雪』（二〇一一）があり、やはりマルセイユ近くの小さな漁村で撮った『海辺の家族たち』（二〇一七）もある。映画『マルクス・エンゲルス（THE YOUNG KARL MARX）』（二〇一七）の製作者にもゲディギャンが名を連ねているのには驚く。「フランスのケン・ローチ（『わたしは、ダニエル・ブレイク』二〇一六など。社会主義者を自認する英国の老巨匠）」といわれたりもするようだが、ゲディギャンの『キリマンジャロの雪』を観ると、なるほどと感じる。一貫して、働く人々に対する暖かい視線がある。マルセイユの山上の聖堂などは映らないし、街の中心部や地下鉄や市電などとは無縁であり、港もあまり出てこないが、下町風の整然としない街とそこに住む人々の風情はしっかりと映されている。意識的かつ強引に比較するならば、葛飾柴又の人情味あふれるところも『キリマンジャロの雪』に見とることができる。この映画は、マルセイユで首切りにあった貧しい労働者たちの連帯と友情、さらに地域共同体的なものへの郷愁ともいえるものを描いた作品である。その涙もろい人情ぶりやハッピーエンドは、われわれの思うフランス映画のシニシズムやハイブローなアンハッピーエンドとは無縁の、幸せな「ＦＩＮ（終）」である。『海辺の家族たち』も少数者に熱い連帯の視線を送る佳品である。政府の施策と対抗しての難民擁護の姿勢も明確である。

パニョルに光を当てることで、山田洋次が、「素朴な民衆的世界を愛」し、働く人々への共感をもつという意味でのポピュリズムの徒ないしは同調者であることがくっきりと浮かび上がってくる気がする。本書全体で、「パニョル戯曲→『男はつらいよ』を中心とした山田作品を通底しているもの→ポピュリズムの世界」、という図式は重要な意味をもつ。もっといえば、ここで論じているのは、戦前松竹蒲田から戦中戦後大船へかけての人情・家族映画を定着させた、大手松竹映画会社の総帥・城戸四郎の映画観とも重なるものがあると考えられる。

城戸四郎についてはすでに山田洋次との関係で考察したこともあり（『山田洋次と寅さんの世界』）、ここで城戸を深追いすることはしないが、城戸と山田の接点があらためて、あるいは初めて明確になるような気がする。いささか脱線気味になるが叙しておこう。映画を愛する人々に向かう視線において、経営者・城戸と創造者・山田に共通点があるのは確実である。ともに一人でも多くの人々に映画を見て楽しんでもらいたい、映画を愛してほしいと思っている。だから大衆が見たい映画、観客が感動する映画をつくらねばならないという思いをともにもっている。だが同時に、城戸と山田の理解なり把握の違いもはっきりしてくる。この二人の決定的な違いを見逃してはなるまい。城戸のは大衆や共同体を「上から」見ての啓蒙性（それは映画産業の製作者的立場をも意味するわけだが）をもった、教化的ないしは同化的視点でのポピュリズムである。産業として成立させて、究極には営利を求める映画の作り手の立場であるから、大衆迎合性をもたざるをえない。だが、映画がフランスで誕生する一年前（一八九四年）に生まれた城戸は、まだ映画がどのように発展するのかしないのかもわからない時代に東京帝大を出たエリートであり、その選良が映画の世界を選んだのだから、資本家としての利潤追求だけに猛進したわけではないだろう。映画を大衆的娯楽としてと同時に、二〇世紀の新しい芸術として把握する視点をもっていたことも間違いない。すぐれた作品を大衆に提供したいという使命をもち自覚していたということである。

「お客様は神様です」が流行した時代が、高度成長時代に入る頃にあったが、城戸の場合は、資本家としての目ですぐれた作品を提供したいとの自覚ももっているのに対して、山田は、いわば「下から」目線で、見おろし目線を拒絶ないしは逆転しての大衆や観客との同化的視点をもって、撮影所仲間（労働者）とすぐれた作品をつくるべきだと志向する。両者の違いを明確にすることは難しいが、大衆に支持される映画をつくり、彼らを映画館へ誘う力をもった作品をつくるべしと考える点で両者は一致する。観客の目と心をスクリーンに吸い込んでいくような映画が提供されなければならないという点でも二人は共通する。

『キネマの神様』（二〇二一）のラスト近く、『東京物語』の原節子に擬した役の北川景子が、客席でスクリーンに見入る沢田研二に手を差し伸べて、沢田と菅田将暉をスクリーンの中に引っぱり込んでいくのを特殊撮影で撮っている。これはまさに城戸四郎の「いわばスクリーンの中から手を出して、大衆をスクリーンの中にひきずりこむような映画が、本当に感銘性のある映画である」（城戸四郎『わが映画論』山田洋次編　松竹　一九七八）との理論を、山田はいささかのお遊びで取り入れているのである。お遊びであるのと同時に、城戸四郎へのオマージュでもある。渥美清も同じようなことを言ったことがあると山田は言っているが、城戸と山田の間には、同床異夢と同床同夢的なところが混在するといってもよいだろう。

ポピュリズムは玉虫色であるから、二人がともに、映画を真に民衆的なものにしたいとの思いをもち、一方は資本投下をし、他方はその資金を有効に使って多くのスタッフたちと寅さんその他をつくりつづけたと考えればよいと思うが、突き詰めれば、その両面性というところに行きつく。城戸と山田は、同じものを見ても、微妙な違いにすぎないと感じることもあるし、決定的な差異と感じることもあっただろう。ポピュリズムのもつ意味内容の本質的な曖昧さなり、二面性、両義性の問題は、同根であるがゆえに友好的であることと非和解的であることが同時に起こりうるというパラドックスがある。両面が対立ではなく、ある種の同意に至ることができた類い希な例が『男はつらいよ』だったのではないか。したがって総帥・城戸に互角にあるいは凌駕して対応できる「山田洋次という異常な才能」（大庭秀雄「大船調の戦中戦後」『講座日本映画４』一九八六）が輩出したことは、山田が被雇用的立場にあったがゆえに特筆して記憶にとどめねばならないだろう。同時に、大衆「迎合」的発想が山田に皆無だったと強弁するのは、贔屓《ひいき》の引き倒しといえるかもしれない。

「キネ旬」で井沢淳が『男はつらいよ』第一作の批評を書いているが、『男はつらいよ』を正当かつ的確に評価したという意味で、歴史的文章でもあるから、資本投下する製作者側と監督・山田の必死さの両方に思いを寄せながら確認する気分で引用しておこう。

「山田洋次の映画には庶民のバイタリティーといったものとともに、体制に安住しているエリートへの怒りがこめられているが、低い階層から上を見上げている姿勢が、なにか誇りに満ちたような形で描かれる。この監督の生い立ちが、どういうものか知らないが、大阪生まれと聞いているので、そのド根性といったものが、映画に融解して出てくるのかも知れない。渥美清が妹の倍賞千恵子の見合いの席に、立ち合うところは、普通ならオーバーな演出なのだが、ここで山田演出がいおうとしている体制批判は、映画が庶民のものであることを確信しているから出てくるものだ。それにしても、くどいようだが、そういう庶民を映画館が閉め出してしまった現状が嘆かれる。だから、ウラ返せば、山田洋次は、その現状を承知しながら、あえて、庶民の映画を作っているということになる。ここでは、いい方が二つあって、この監督がガンコだということなのか、おくれているというしかないであろう。そのことは、松竹の製作態度が、まだ山田洋次に期待しつつ、松竹の伝統を守りたいと希求しているということを、われわれに感じさせる。……この作品をおもしろく見る人が多いはずなのに、それがどうして吸い上げられないのか。まだ公開しないのに、こんなことをいうのはおかしいが……」（No.504　一九六九年九月上旬号）

城戸四郎を筆頭とした「松竹の製作態度」と山田洋次の「ガンコ」とが対応していて、それはとりもなおさず大衆に喜ばれる作品（商品）を提供したいと思う点で一致しており、盾の表と裏の関係であるはずなのに、城戸と山田がいまだ融合できていないのがわかる。この『男はつらいよ』の第一作は、すでに一九六九年七月上旬には出来上がっていたものと思われるが、当時としては半分お蔵入りみたいな形で、差別的ともいえる「封切未定」が続き（そのことは当時の「キネ旬」の片隅に毎号載る「撮影進捗状況欄」などで逐一報告され、今となっては『男はつらいよ』誕生の歴史的経過文書＝資料といえるものであるが、他の松竹作品と、明らかに差別待遇されていることがわかる）、封切時期が行きつ戻りつ、やっと八月二七日の公開となった。盆も過ぎて映画業界ひと休みともいえる閑散期に、松竹は何の期待もせずに公開する。スターである香川京子をマドンナにするカネを松竹は出さなかったし（松竹系新派所属の光本幸子が演じた）、志村喬には「特別出演」ということでギャラをねぎった。そしてヒット。一年後の一九七〇年八月二六日にはなんともう第五作が公開されている。まさに手のひらを返したような松竹経営陣の対応である。

二年後、一九七一年には、城戸はのうのうと次のように書いている。「ヒューマニズムが世になかなか理解されず、広範な大衆の心をまだひかなかなかった頃にも、彼は黙々と、あまり目だたなくても、信ずる映画作りの道を歩みつづけてきたのである。私たちもまた、その正しさを信じ、そこに希望を託して、彼を支え見守ってきた。ここでおごってはならないが、今日の山田洋次を見ていると、彼のような人物こそ、将来に松竹映画の伝統を継承し、日本映画に大きなステップを刻んでいく作家だ、という気がする」（「キネ旬」No.５５０ 一九七一年五月増刊『山田洋次と渥美清』）。よく言うよ、との思いはするが、『男はつらいよ』製作を松竹重役陣が総スカン食わせる中で、それでも最終的にゴーサインを出したのは城戸である。城戸が言い訳がましく言っているが、松竹を蘇らせたのが山田の『男はつらいよ』であるのは誰もが知るとおりである。株の配当復活までさせている。城戸と山田を一つのものの表と裏というゆえんは、このあたりからも察することができる。そして「体制に安住しているエリートへの怒りがこめられているが、低い階層から上を見上げている姿勢が、なにか誇りに満ちたような形で描かれる」という方向で山田が進むことを欲する井沢淳や、後に詳述する白井佳夫の激励や批判に耳を傾けながらも、城戸の思いをも受容しつつ、少しずつ自らの頑固なオリジナル性を盛り込んだ『男はつらいよ』を創り上げていくことになった。その心こそ、他の誰がなんといおうと、「民衆の生活を誠実に暖かく描く」民衆派でありたいとする山田の芸術観であり心情だったのではないか。

4　マルセイユと葛飾柴又

話をパニョルの劇作のほうに移す。やはりマルセイユである。永戸俊雄訳『ファニー』（一九三五）の「訳者の言葉」を引用する。「生きることに酔つ払ひ、のうのうと気楽に、その日その日の快楽と幸福に満足してゐるマルセイユの民衆は、生れた土地の上で一生を送ることの喜びと、そこで生活することの楽しみの中に、錨を入れたまま動かぬといはれる。生まれた土地のよさ、ありがたさ、それが骨の髄まで浸み込んで、そこに無上の幸福と誇りさへも感じてゐる点で、マルセイユ人は恐らく世界無比であらう。彼らにとつて、マルセイユほどいいところは、どこを探してもあるはずがないのである。彼らは花の都パリを軽蔑する、マルセイユの方がいいと信じてゐるからだ」。二つの大戦の間の二〇世紀前半の状況と、それから百年近く経た現在とでは、人口の中央集中や、パリへの距離感（フランス第三位のマルセイユ空港も現在はぁる）などをも含めて事情は大きく違うのだろうが、『キリマンジャロの雪』などを観るかぎりでは、「カフェ・ド・ラ・マリーヌ」の雰囲気は、現代のマルセイユの旧港現場で力仕事をして働く人たちとどこかで通じるものがあるように思える。

パニョルや永戸のこだわる「マルセイユ」を、「葛飾柴又」と入れ替え、団子屋の世界を思い浮かべれば、おのずと『男はつらいよ』の故郷像や状況が思い描けるのではないか。『男はつらいよ』など想像もできない一九三五年に、永戸はあたかも高度成長から取り残された『男はつらいよ』の世界としての葛飾柴又のことを描いているかのようである。寅次郎やさくらや団子屋の人々は、「葛飾柴又」こそ、と思って何の疑念ももたない。銀座、渋谷、新宿、原宿、六本木といったところは彼らの辞書にはない。『男はつらいよ』第一作で、さくらの見合いの会場となる都心の高層ビルに寅はびっくり仰天するが、寅にとっては、高層ビル群や高速道路どころか新幹線までが別世界なのである。

対するに、『愛の讃歌』の瀬戸内海の小さな港町は、「葛飾柴又」といわば地続きである。さらにマリウスの夢は、『愛の讃歌』では竜太の望みということになるが、少し視点を変えれば、ずばり車寅次郎の憧れとも言い換えられるだろう。「銀座赤坂麴町」は寅次郎の口上だけの遠い世界だが、「葛飾柴又」に「定着」するということになると、はたして柴又でじっとしていられるかとの思いが寅には浮かんでくる。竜太の場合は、最初はブラジル、次は大阪で定着しようと思い描くことになるが、寅も、自らが見たことも聞いたこともないところに根拠のない憧れを抱く。しかし海の向こうなどと大それたことを思うのではない。さしあたっては、足の向くまま気の向くまま、人間がごちゃごちゃ密集していないところであればいいのである。第一〇作『寅次郎夢枕』（一九七二）あたりでは、寅が甲州路を例のカバン一つもって、周囲は山と畑だけというところを歩く姿をかなり丁寧に映し出しているが、人恋しさをもつ寅は、他方では、野垂れ死にを覚悟して辺地を一人で行く旅も好きである。「定着」者さくらたちには思いもよらぬ「放浪」人・車寅次郎なのである。

　ところで永戸は、寅次郎の心を察しているかのように、マリウスの夢について思いつづける。「どこへ行きたいといふ目当があるのではない。どこでもいい、マルセイユでないところへ行つて見たいのだ。はつきりした目的など露ほどもない。ただ何となく、海を渡つて、どこかへ行つて見たいのだ。この〈どこか〉といふのが、彼の夢の中で、理想郷なのである。夢の国へのノスタルジー、抵抗の出来ないノスタルジー、それは手のつけられぬ熱病である。マリウスはこの熱病にかかつたマルセイユの子だ。ルイ・ルーポーは〈マルセイユ人の気質には大きな矛盾がある。陽気で生気潑剌としてゐるかと思ふと、内気でのらくらだ。臆病で引込み思案をしてゐるかと思ふと、大胆で勇敢だ。その日の生活に陶酔してゐるようでノスタルヂックだ。

マルセイユ人は矛盾した二重人格である。マルセイユ人の魂には、山野を奔放に走り廻る兎と、飼育された兎とが共棲してゐる。その性格的な矛盾と闘争とを描き出したのがパニヨルの成功である〉といふ。……しかし、何といつても、マルセイユ人の第一の特徴は、陽気さと、朗らかさと、与太味である」（「訳者の言葉」は一九三四年執筆）

まるで『男はつらいよ』すべてを観たかのように、葛飾柴又や「与太味」たっぷりの寅次郎のことを熟知しているように、『ファニー』の世界を永戸が語っているのに驚く。そう、「マリウス」を「寅次郎」と入れ替え、「マルセイユ」を「葛飾柴又」に置き換えれば、ほとんど違和感なく、山田洋次描くところの『男はつらいよ』の世界になる。寅の、「目的など露ほどもな」く、しかし「理想郷」を求めてのあてどのない旅は、他者には「手のつけられぬ熱病」に映るのである。さくらは深いところでは寅を理解しているが、おいちゃんおばちゃんには寅はほとんど異世界の人間である。だが同時に、かけがえのない最も近しい家族の一人なのである。

さらに「も一つ」と永戸俊雄は書く。「マルセイユ人の気質には、どこかちよつと、江戸つ子に似通つたところがある。……何か癪にさわること、気に食はないことがあると、彼らは猛然と相手に向つて挑戦し、大声を張りあげて、怒鳴り散らす。が、その一瞬後には、何のわだかまりも残つてゐない、からりとした気持ちで、相抱擁するのである。彼等の言葉使ひや語調はいつも荒つぽい。しかし、その荒つぽさの中に、温かい人情がこもつてゐる。これも、江戸つ子に似てゐるといへるのであらう。人情といへば、マルセイユ人は、どこの国の、どこの民衆にくらべても、ひけをとらない人情家である。実に、人間味は豊富だ。彼らは、人間としての幾多の弱さを持つてゐる、欠点を持つてゐる。しかし、こと一とたび人生の重大事となれば、純粋無雑な魂を、そのままさらけ出す。マルセイユ人は、ひどく人間的である」

これ以上の説明や解説は不要であろう。ここでの「江戸っ子」は渋谷や原宿とは無関係の、江戸・東京の隅田川東側＝墨東とすればわかりやすい下町の人々である。だから「マルセイユ」を隅田川の東の下町「葛飾柴又」に入れ替えれば、柴又、あるいは団子屋の茶の間、さらには寅とタコ社長の愛すべきケンカが眼前に浮かんでくる。寅とおいちゃんの珍妙なやりとりが思い出される。「ひどく人間的」な『男はつらいよ』の世界になるのである。

あるいは故郷をもたない山田洋次は、永戸俊雄が戦前に書いた文章を読みながら、永戸やパニョルの思い描くマルセイユが、戦後二〇余年経った日本にあるのかどうか、そんなところをこの日本で探すことができるのだろうかと思いをめぐらした。そこから『男はつらいよ』の構想は少しずつ浮かんでは消え、そしてまた蘇ってくる中で、ぼちぼちと動きはじめたのだと想像したくなる。『男はつらいよ』は、やはり『愛の讃歌』を、したがってパニョルのマルセイユ三部作を一つの源流にしており、シリーズが定着してくる中で、その度合いは増してくるのである。

5 「郵便屋」

『愛の讃歌』で、父・千造（伴淳三郎）と春子（倍賞千恵子）は、ブラジルに出稼ぎに行った竜太からの手紙を一日千秋の思いで待っている。毎日、郵便屋（小沢昭二）は、「待帆亭」に配達がてらに寄っていくが、なかなか肝心のものが届かない。手紙は千造のところに来るのか、春子にだけ出されるのか。千造は気が気でない。待帆亭での郵便屋のシーンをシナリオから引用してみよう。待帆亭の常連がみんな揃っている。笑いがはじけ、山田洋次が最も得意とするところである。

千造「お前この頃、春子んとこへ郵便配達したか」
郵便屋「それは確かに自分が配達してるのは、大体において郵便物ですがの」
千造「そん中にな、ブラジルの竜太からの手紙はなかったかの」……
郵便屋「そのご質問には答えられません。憲法違反になりますけの」
千造「あ、そうかそうか。今な、お前に冷たいビール御馳走しようと思ったが、やめとこ」
郵便屋「（急に態度が変わる）ちょっとお待ちください。あのう、ご質問に答えるということでなくですね、私も雑談の中に加わる、ということは、規則にふれんのではないかと。ですがこの、やはり音声に発するということは、ご質問に答えるということになって、憲法に違反するじゃねえかと。……自分の身体の動きにご注目願えればですね」……

千造「一通も来んのか」

郵便屋「(弱々しく頷く)」

備後屋「一通も来とらんとよ」(註・演ずるのは太宰久雄で、山田作品初出演)

千造「(眼を伏せる)」

この部分のシナリオ(『山田洋次作品集3』立風書房　一九七九)は、パニョルの戯曲とほとんど一緒。次は、永戸俊雄の現代仮名づかい版『ファニー』(角川書店)から引用する。郵便屋と応対するのは、ファニーの母親オノリーヌとその妹のクロジーヌ。この女性たちは『愛の讃歌』には登場しない。『愛の讃歌』の千造の情人(桜京美)がオノリーヌを投影しているかもしれない。いや、戯曲『マリウス』では、セザールがなんのかんのと言い訳をつくって出かける「月曜の逢引き」女がいる。郵便屋とのコミカルなやりとりは、『愛の讃歌』でもすぐれたコメディリリーフになっているが、パリっ子も芝居を観ながら大いに楽しんだのだろう。原作戯曲で郵便屋はパントマイムでオノリーヌに答える。小沢昭一が「自分の身体の動きにご注目願えれば」といって始める珍妙な無言動作に該当する。

オノリーヌ「うちの娘んとこへ、セザールの息子（＝マリウス）から手紙が来るかね？」
郵便配達「（いかめしく）せっかくだが、さような御質問にはお答えできませんな。……職業の秘密というやつがあるでござんしょう？」……
オノリーヌ「あたしにゃ、とても大事なことなんだよ。ただ、ああとか、いいや、とか、それだけでいいから、いってもらえないかねえ」……
郵便配達「わしは一切、何も申上げることはできん。どうしてもできん。いってあげたいのはやまやまだが、それができん」……
オノリーヌ「いいじゃないか、いってくれたって！　ちっとは親切気を出すものだよ！　さあいっとくれよ」……
郵便配達「（いかめしく）この制服を着用しとる限り、吾輩は職務の奴隷じゃ。……だがまあ、ここで、ちょいと頭を使ったら、そこはなんとかなるまいものでもない。……わしをじっと見てもらおう。改めて、おたずねの件をうけたまわりましょうかな」
オノリーヌ「ファニーはマリウスから手紙を受け取っておりますか？」
郵便配達「からだの動きにお目とめられい。（横に頭をふる）」
オノリーヌ「確かに受け取っていませんか？」
郵便配達「気をつけて、ようく御覧なさいよ。（横に頭をふる）」

クロジーヌ「確かに一本も来ておりませんか？」

郵便配達「よく見て。（縦に頭をふる）」

ファルス（笑劇）的というか、パントマイムを含んだコメディの醍醐味をパニョルは有効に使って、パリの庶民派観客の笑いをとったのだろう。落語に通じるというのも理解できる。あるいは観客はもう少しアッパー（上流）だったかもしれないが（丸山熊雄『一九三〇年代のパリと私』鎌倉書房　一九八六は、一九三〇年代の同時期パリでは、「コーヒー一杯一フラン五十三チームくらいの時に」コメディ・フランセーズを「平土間」でなら「八フランでした」としており、芝居、映画、音楽会は、かなり庶民的であったと見てもよさそうである）。郵便配達のファルス的部分を、『愛の讃歌』ではそのまま長いワンシーンとして生かしている。山田のセンスはやはり映画的であり、とりわけ落語的で、笑いをとる直観はなかなかのものである。パニョルからもらえるものは抜け目なくもらっている。いや、もらえるものが多いから、山田はパニョルに魅せられたのだろう。

さらに、千造と春子が竜太に返事を書くシーンも、人情味を加えた笑いを交えたもので、本作のハイライトである。これは原作戯曲にもフランス映画にも、セザールとファニーがまるで親娘のように、海の彼方の若者に手紙を共同で書く長いシーンとしてあるが、アメリカ映画は手紙を読むシーンで終わっている。山田は原作戯曲のほうをとって、情味の漂うユニークな手紙書きシーンをつくりあげた。フランス映画のシーンよりもはるかに山田のほうが、台詞も所作も的確で出来がよい。山田がパニョルにいかに惚《ほ》れ込んでいたかがわかる。

後年、山田は『母べえ』（二〇〇八）で、妻（吉永小百合）が思想犯で獄中にいる夫（坂東三津五郎）へ手紙を書くシーンを情感あるものに仕上げているが、パニョルと自作『愛の讃歌』への思い入れの深さの反映と見てよい。山田は、パニョルから流れ出る、こういう待帆亭の雰囲気に惹かれる。山田的ドラマツルギーの一端である。そのバリエーションとして、『男はつらいよ』の「団子屋」に持ち込み、小さな空間、すなわちセザールのカフェ＝『愛の讃歌』の待帆亭＝『男はつらいよ』の団子屋を、舞台劇のファルス（笑劇）的位置づけで確立し成功させている。小話的挿入というよりも、ドラマの高揚部分でもこの小空間は重要であることしばしばである。葛飾柴又の原点が、海を越えたマルセイユにあるのは、なんとも愉快である。山田は、パニョルからの啓示で、喜劇作家として一つの典型をつくることに成功している。喜劇センスの問題でもあり、同じ喜劇でも、どこに焦点を当てるかということで、ドラマとしての優劣も出てくる。なお、ヒマを持てあましているマルセイユ港町のカフェに集う人々の群像表現は、すでに初期山田『下町の太陽』（一九六三）の「ウバステ公園」に集う老人たちに反映されていることも指摘しておこう。ローガン映画の「帽子蹴り」お遊びシーンで、ワンカットだったと思うが、老女たちが楽しそうに大人のいたずらを見ている。その些細なカットを山田は見逃さずに『下町の太陽』で使っていることもメモしておきたい。

一九八一年一一月二二日、テレビ「東芝日曜劇場一三〇〇回記念番組」で山田は『出航』の脚本を書いている。横浜の釣り船店を、父・千造（若山富三郎）と息子の竜太でやっている。竜太は幸子（大竹しのぶ）との結婚式当日、突然、サンフランシスコに出奔してしまう。ただただ遠い世界へ羽ばたきたかった竜太。残された幸子は子どもを身ごもっていた。怒り心頭に発した千造は竜太を勘当するが、本心は帰ってきてほしい。三郎（小林薫）という青年が、幸子を身重と承知で愛しはじめる。だが最後、竜太は帰ってきて幸子と結ばれ、三郎は静かに去っていく（ジーパン姿の若い運転手の小林薫が私の記憶に残っている。重要とは思えぬところであるが、私はこのテレビを観ているのだ）。『愛の讃歌』と同じ主筋である。むろん原点はパニョルの三部作である。千造（父）と竜太（息子）の名前まで『愛の讃歌』と一緒。釣り船の「船長」なども『ファニー』そのまま。『愛の讃歌』では小沢昭一演じる「郵便屋」がコメディリリーフとして役割を果たすが、『出航』では渥美清である。渥美であることで、おのずと郵便屋の役割の重要さは明確になる。後半で「局内勤務に代わりました。市民のプライバシーに口を突っ込みすぎるってんで、投書があったんですよ」といった台詞がある。みごとな自作のカリカチュライズでもある。三郎の禁欲的な人物設定は、『ファニー』ではなく、『愛の讃歌』的である。有島一郎と小林薫では年齢差も含めて、かなりイメージは違うが。

山田洋次が、飛び抜けて「性」に潔癖であることを再度思い出しておこう。『愛の讃歌』の医師・伊作（有島一郎）は、春子に指一本も触れなかった。このテレビドラマの三郎も、伊作の潔癖さを引き継いでいる。山田には、森崎東と一緒に書き、森崎が森崎流を貫いたと告白している『吹けば飛ぶよな男だが』（一九六八）的な、美人局《つつもたせ》を大きく描くような野放図な「性」は肌に合わない。『男はつらいよ』のシリーズ化が定着した頃、独り者の寅が性の処理をどうしているのかと揶揄する批判があったのを思い出すが、山田には、それが批判として作用しないから痛くもかゆくもない。シリーズが進行していく中で、寅における性の問題などは、云々することと自体が的外れだという観客側からの暗黙の同意が形成されていったと思う。観客が的外れな作品批判を越えていく。ともあれ「性」についての山田と森崎の作家的体質の違いがわかる。山田と森崎は、同じ方向を向き、同じく遠くを見つめながら、見つめ方の内実は違うとでもいうべきか。だからこそ映画にしろ、文学、美術にしろ、芸術は個性的でありつつ、広くて深くて永遠なのである。

6　『音楽劇　マリウス』──二〇一七年の山田洋次

a　パニョルに回帰する山田洋次

『男はつらいよ』についての解説的叙述は本書では省略する。車寅次郎誕生のルーツについてのもう一つの考察をしなければならない。同じルーツではあるが別角度からの、山田自身の言い分をも知ることができる。二〇一七年に飛ぶ。『愛の讃歌』からちょうど半世紀が経過している。

山田は、パニョルのマルセイユ三部作を脚色し創作も加え、『音楽劇　マリウス』として日生劇場で演出、上演した。主演のマリウスはジャニーズ出身の今井翼が演じ、彼がスペイン舞踊家でもあることから、劇中フラメンコを取り入れて趣向をこらした。ファニーには瀧本美織、セザールに柄本明。八五歳になった山田は、自らの生涯をある種、総括する思いになっていたのかもしれない。ともあれ、山田のマルセイユ三部作への想いがいかに強いものかをあらためて知らしめてくれた。あるいは満を持したパニョル劇の上演で、山田は自分の原点ここにあり、『男はつらいよ』の根っこはパニョル・ドラマだと種明かしをしたかったのかもしれない。観客の私は、劇場が満員でないことが少し寂しかった。寅さんファンの同窓会的な雰囲気は感じられなかった。劇場パンフレットに書かれた梗概を写しておこう。

「一九三一年、地中海の爽やかな風が吹き抜ける港町マルセーユ。セザールが経営するカフェ・ド・ラ・マリーヌは、暇をもてあました男たちが集まる町のサロンだ。一人息子のマリウスは、船乗りになって海に出ることを夢見ている。幼なじみのファニーとは相思相愛の仲なのに、なかなかお互いの思いを打ち明けられず、周りの大人たちをやきもきさせていたが、ある夜遂に結ばれる。しかし幸せもつかの間、マリウスは船に乗るチャンスを掴み、ファニーは彼の夢を叶えるために身を引き、長い船旅に送り出してしまう。――その後、ファニーは妊娠したことを知る。もちろん父親はマリウスだ――」（『音楽劇　マリウス』日生劇場パンフレット　二〇

一七）

公演劇評を引用しよう。「……柄本が愛嬌のある演技で人情劇の芯を支える。時に虚勢を張りつつも息子への深い愛情があふれるセザールを緩急自在に演じて、出色。身重を承知でファニーと結婚するパニスを演じる林家正蔵が、いかにも人の良さげな風情で役に似合う。明るく人情味ある人々が繰り広げる台詞の楽しさは、山田脚本ならではだろう」（萩尾瞳『朝日新聞』二〇一七年三月二七日夕刊名古屋本社版）

主要人物以外の登場人物もかり出して、にぎやかな舞台にしている。郵便配達も山田組の北山雅康を配して忘れてはいない。フランス版映画は主要人物に絞り込んで、周辺人物を省略した感じだが、山田はマルセイユの港町気質を群像劇として描きたかったのだ。「脇」の人たちが重要なのである。『愛の讃歌』から、その姿勢は変わらない。『男はつらいよ』を寅の一人舞台とはせずに、さくらたちと団子屋のおいちゃんおばちゃんやタコ社長や源公（佐藤蛾次郎）、むろん御前様（笠智衆）をも含めた群像のアンサンブルの妙を描いたドラマにしているのと連結している。山田には、『故郷』（一九七二）、『幸福の黄色いハンカチ』（一九七七）、『武士の一分』（二〇〇六）など少人数のドラマに絞り込んでいく作品系列と、『男はつらいよ』をはじめ、『同胞』（一九七五）や『学校』シリーズ（一九九三〜二〇〇〇）、『家族はつらいよ』（二〇一六〜一八）のように群像ドラマにしていく系列がある。両方とも手練《てだれ》であるのは明白だが、本領は、群像型にあるのかもしれない。

『日経電子版』（二〇一七年三月二三日）に内田洋一が書いた長文劇評「山田洋次監督の原点舞台『マリウス』が音楽劇に」も抜き出してみる。「マルセイユを葛飾柴又に、カフェをおいちゃん、おばちゃんの団子屋に換えれば『男はつらいよ』の下町になるというわけだ。むろんフランスのエスプリは落語の人情味に取って代わるが、漂泊の風に吹かれて去っていく風来坊、寅さんにはマリウスの面影が確かにあるだろう。日仏の間にこんなドラマの交換があったのだ。……『マリウス』は演劇界では文学座がくりかえし上演してきた座の代表的レパートリーである。なにしろ初演から一〇年後に『蒼海亭《そうかいてい》』の題で早くも上演している。そのときの配役がすごい。マリウスに森雅之、セザールに三津田健、その妻に杉村春子、パニスに中村伸郎。ファニーは森と結婚する堀越節子だった。私は生前の中村伸郎に何度もインタビューしたが、最も好きな芝居は『マリウス』であり、好きな役もパニスだったと話していた」。ここで、パニョル劇が『男はつらいよ』につながっているとの指摘は重要である。ずばり最も大事な指摘をしている。

杉村春子に大笹吉雄が聞き書きをした大部の『女優　杉村春子』（集英社　一九九五）があるが、杉村が演じたのはオノリーヌが正しいようだ。この大笹の巻末資料にはパニョル劇のことが意外に多く記されているのを知って、あらためてこのドラマが日本の新劇史の中で一定の位置を占めているのを確認できる。杉村は、「戦前で好きな作品……『ファニー』なんか好きでしたよ」と言っている。文学座の年表を追っていくと、一九三九年に『蒼海亭』とあって、そのとき、杉村はオノリーヌを演じているとある。岩田豊雄と田中千禾夫《ちかお》の演出。一九四〇年と四一年は原題をそのまま使っての『ファニー』で、里見弴演出だが、ここでは杉村がファニーである。杉村は、この『ファニー』を「好き」だと言っているのだろう。戦後は一九四七年にやはり里見の演出で『マリウス』と『ファニー』を連続して上演。むろんファニーは杉村。五二年は戌井市郎演出で『ファニー』と『セザール』を連続上演している。パニョルは、いつか文学座の主要演目になっていた。この事実は、『愛の讃歌』や『男はつらいよ』の前史として重要である。むろん永戸俊雄の翻訳であり、永戸の果たした役割はここでも大きい。長篇だから、日本では戦後の上演も含めてかなりの簡略化だったと考えてよい。

b 寅さんシリーズの原点

さて、『音楽劇 マリウス』の公演パンフレットに、パニョルから『男はつらいよ』への道筋が、山田自身の言葉で語られている。

「マルセル・パニョルの『マリウス』『ファニー』『セザール』三部作は、寅さんシリーズの原典だと云えば、この芝居を知っている人ならなるほどと頷くに違いない。……ぼくの学生時代だからもうずいぶん昔の話だが演劇好きな友人にこの本を〈必ず返してくれよ〉と念をおされて、というのはまだ戦後だったその頃この本は古本屋では学生には手が出ないほどの高価な値がついていたので、カバーをして大切に読んだ時の興奮をよく覚えている。……なんとここには日本人しか分からないと思っていた落語や浪花節の人情の世界がマルセーユを舞台にしてたっぷりと描かれているではないか。あまりの面白さにぼくはノートを引っぱり出して良いセリフを書き写したものだった。それから十数年経ってぼくが新人監督だった頃、フジテレビ局から渥美さん主演のテレビシリーズの脚本を書かないかという提案を受けたときにすぐに思い浮かんだのがこの芝居のことだった。パニョルが創造したマリウス、ファニー、セザールをはじめとする愛すべき人物たちに僕が少年時代から好きだった落語の登場人物である熊さんや八さんご隠居さんたちを重ね合わせて作り上げたのが寅さんシリーズの世界なのだ」（劇場パンフレット）

簡単簡明な種明かし。「古本屋では学生には手が出ないほどの高価」な本は、私がもっている一九三五年白水社版だろう。私の本には購入日が一九八八年一〇月二二日とメモしてあるが、このときは廉価だから購入できたのだろうことと、『男はつらいよ』第四〇作『寅次郎サラダ記念日』の撮影見学に行ったときの日付だと思うから、寅さんとパニョルの関連があることに私は気づいていて、気になっていたのだということが推測できる。むろん『愛の讃歌』の原作であるから手に入れたのではあろうが……。山田文中のフジテレビ云々は、一九六八年一〇月三日から六九年三月までのツー・クール二六回の連続ドラマ版『男はつらいよ』、寅さんがハブに噛まれて死ぬ、あれである。

劇場パンフレット『音楽劇　マリウス』の解説を上村以和於が「深く永い鉱脈」というタイ

トルで書いているが、そこでさらに、山田洋次がどこかで発した言葉を引用するという形で、次のように記している。「『男はつらいよ』が、初め、テレビのシリーズとして作られたことは知られているが、〈その時に僕（山田）が考えたのは渥美清さんだったらセザールかな、それからマリウスとファニー、つまり、寅とさくらと博、このトライアングルを核としてドラマを作って行けばいいのではないかということから寅さんシリーズがスタートしたわけなんです。そういう意味で、この深い深い長い鉱脈のような世界が『マリウス』の三部作であるわけです〉という」。山田は、この種明かしをいつどこでしているのだろう。渥美清とセザールを重ね合わせる発想を山田はもっていたのだろうか。……もうこれ以上は屋上屋になってしまう。渥美清没後三〇年も近い今では、パニョルが『男はつらいよ』の主要な原点の一つということは、歴史的に検証されたこととしてよい。

山田洋次という知識人は、戦前戦後のインテリゲンチャの流れの主要な一つが、フランスの文化、文学を中心に形成されていったことに違和感をもっていた、と私は想像する。英米や中国古典文化への関心も薄い。フランスの自然主義、シュールレアリスム、実存主義、ヌーヴォー・ロマンといった流れがもてはやされるなかで、傍流というか、中心に対する無関心ないしは反発から文化的センスを磨き、そこに落語への造詣が加わって、映画作家としての自己形成をしていった一つの典型だろう。江戸前文化からの継承が付け加わっているのは確かで、いささか異色である。確かにパニョルはフランスの文学者ではある。だが、ハイブローなものとは無縁なローカリズムである。よく理解しないままにいえば、現代文学やフランス文学、あるいは英語圏文化の主流に対する違和感から、反中央の気分が流れており、農本主義とかいったものが根っこにあるようにも思える。ハリウッドへの関心が希薄で、忌避感さえあることも一応はメモしておこう。

山田が松竹に入社した次の年（一九五五年）の日本映画の「キネ旬」ベスト二〇作品を見ると、「中央離れ」ないしは「ローカリズム」的傾向が顕著である。土の匂いといってもよい地方の民衆的なものへの愛着、あえてポピュリズム的な側面といってもよいだろう。その年の作品『野菊の如き君なりき』『ここに泉あり』『警察日記』『月夜の傘』『女中ッ子』『血槍富士』などはおおむね先に挙げた。山田は、中央から遠く離れたところで、「落語や浪花節」の世界に心惹かれながら自己形成し、芸術的感性を育んでいった。実存主義も読んだだろうし、『ダウンタウン・ヒーローズ』（一九八八）に出てくるドイツのリアリズム劇、フリードリヒ・ヘッベル『理髪師チッターライン』のようなものにも惹かれはしたろう。なにしろ山田は勉強家で、森羅万象、どこにでも映画や芝居の題材は転がっているということを、驚くべき感触で探ることがいつか習性となっている知性である。だが結局、山田は、若き日に身につけた、江戸期庶民の芸能を祖とする「落語や浪花節」を創造の原点の一つに定めていった。いや、山田は劇場パンフレットに「落語や浪花節」を一緒にして書いているが、笑いに昇華する落語が中心であって、涙で洗い流してしまう浪花節には馴染まないと常々言っていたのも知っておこう。とはいえ同時に『男はつらいよ』の世界は、浪花節を拒否しているとはいえないことも事実だと認めねばならないだろうが。観客は『男はつらいよ』でどれだけ自らの心を「涙で洗い流す」経験をしたことか、思い出してみなければならない。そしてフランス文学（演劇）の傍流にも山田は惹かれていく……。パニョルとの文学的出会いである。

第9章　企業内で映画をつくるということ

1　商業的要素の肯定と働く仲間の連帯

前章では二〇一七年の『音楽劇　マリウス』を中心に考察したが、一九六九年の『男はつらいよ』スタート前後に戻らねばならない。「キネ旬」編集者の白井佳夫が、誌上を中心に、対談や座談会で、山田洋次に直接に迫った貴重なドキュメントが残っている。無数ともいえる山田自身の語り、山田洋次論、『男はつらいよ』考察の中では群を抜いており、緊張感に満ちたもので、映画作家・山田洋次の本質が鮮やかに浮き彫りになる。白井たちに問われる中で山田自身も、自らの作家姿勢のぎりぎりの本音を吐露する展開になっている。問い詰められ、反転攻勢にも出ている。

その一。「キネ旬」一九六七年六月上旬号（No.４４０）。『男はつらいよ』以前で、白井が司会をして山田が虫明亜呂無と対談、題して「喜劇映画が描くべきもの」。この年に公開された『愛の讃歌』を観ての感想から始まる。白井が言う。「大船的な伝統というものを感じますね、その、とても良質なものを受け継いでいて、それを新しい感覚で映画にしておられる……」。続いて虫明が「松竹らしい」と評すると、山田は、「僕は松竹らしい、といわれて、いやがるわけじゃないんですよ。小津さん、木下さんという、松竹の演出部がとおってきた伝統のなかに、非常にいい部分があると思うのです。それはいい意味での芸術家意識というのかな」と受けて立つ。そして一気に山田の、核心に迫る次の発言があって、議論が熱を帯びる。

「企業内で働くということには、客を入れなければいけない、商売にならなくちゃいけない、という要求が、常にきびしくある。それがいわば、芸術もねじまげる形でくる。だが、原則的にはそうなんだけれど、そうじゃない部分がそこから吸収できると、僕はいつも思っているわけですよ。というのは、大衆にわかってもらえる映画を自分で撮りたいと思うから。だから商業的要素が僕にとって、一つの糧にもなっていくんじゃないかと思っています」

山田の基本的姿勢を表現したものとして重要である。大資本の「企業内」監督であり、「商業的要素」という制約の中での映画づくりを肯定すると明言している。「芸術もねじまげる形」の映画資本の要求を、その制約の中で磨きをかけることで、真に大衆に支持され「大衆にわかってもらえる」映画づくりに練り直していかなければならないという。微妙で難しい問題であるが、ここで作家的クリエイティブな資質なり根性がまず試されることになる。山田には、

「大衆」を懐疑的に上から見る目線がないのである。

さらに山田は続けて、ユニークで重要な発言をする。「僕のことをわかってくれるスタッフの存在というのは、僕にとっては貴重なんですね。僕がポイと独立プロに行く、よその会社に行くという形。それに僕は不安を覚える。七年なり八年いっしょに苦労してきた人たちと僕のもっているコミュニケーション。これを抜きにして僕の作品はとうてい考えられない」。評論家のように映画づくりを外側から見るのではない、現場的発想である。徒弟を抱える大工の棟梁とでもいうべきか。意表をついての発言。松竹という大手映画産業と絶縁して、自己の思想性や芸術性を無垢のままに守ろうとした大島渚や吉田喜重、高橋治とも全く違った発想と身の処し方である。

当時の映画界は、観客数が全盛期の三分の一に下降している。松竹『社史』の一九六六年欄には「映画界の客観状況は全く好転の気配がなかった。……京都撮影所の閉鎖と余剰人員の自宅待機に踏み切るなど、会社を挙げて経営合理化の苦闘を続けて来たが、これは従業員にとっても、苦渋と犠牲の辛い日々であった。……希望退職者を募集し、……百六十二人が申し出た」とある。山田に責任があるわけではないが、山田組のスタッフなり、一緒に撮影所で働く労働者に対する連帯感をもっている。上から目線ではない。この姿勢を山田は以後ももちつづける。これこそ山田の山田たるゆえんなのではないか。山田の現場的発想の発言を他にも拾っておこう。

「大事なことは全体のチームワーク。ひとりだけものすごく秀れた人がいたからといっていい映画が出来るわけじゃないと思うんですよ。全体のチームとしていいバランスを保つというか、いい色合いをもつということが大事」

「大勢の裏方たちがそのむさくるしい風采とはうらはらに、こまやかに気をくばり、優しい思いやりを抱きながら監督の〈夢路〉を追うのが映画という芸術なのだ」（『山田洋次作品集8』立風書房　一九八〇）

「映画を他の芸術と比べてはっきり違う点は、多勢の人間が集団的に創造に参加する、というところです。少ないときでも三〇人からのスタッフが必要です。……スタッフがそれぞれの専門の分野で、監督の考え、イメージにそいながら、つくりあげていくの……ですから、どんなスタッフと組んで仕事をするか、そのチームが全体としてどういう色合いになるかはきわめて重要なことで、それによって、できる映画の色合いも決まってしまうといってもいい。チームの人間関係というものはできあがった映画にそのまま反映するものです」（『映画をつくる』大月書店　一九七八）

「スタッフ全員が〈俺はいま『男はつらいよ』を作っているんだ〉という意識を持ちつつ、それぞれのパートの仕事に打ちこむという状態であってほしいと願います。言ってみればひとつの家族のようにして映画を創る、ということでしょうか」（『日本人と人間関係』一光社　一九七九）

体系的でも論理的でもない、時々の山田発言に、一緒に働くスタッフたちへの気持ちがこめられている。先ほど「労働者に対する連帯」と書いたが、山田は労働者といった言葉を使っていない。そんな紋切り型や論理を超えた、一緒の現場で働く人たちとの仲間としての一体感が、よい映画をつくる基本的条件だと言っているのだろう。

監督個人の思想性や芸術上での見解のみを至上のものと考え、「個」としての思想や尊厳を守って大手資本と絶縁するような発想は、生まれる余地がない。スタッフがそれぞれの任務を遂行する中で、初めて映画はつくられる。このような働く者同士の連帯感は貴重であり重要であろう。働く者を仲間として捉えており、仲間同士が同じ気持ちで映画づくりをするということにつながる。いわゆる進歩派監督がもてなかった視点である。現場感覚をともなった働く者のつながりの重要さをプリミティブな言葉で表現しており、それを言葉どおりに実行している。映画は産業革命以後の資本主義が生みだした二〇世紀の機械を媒体として誕生した大規模な大衆芸術である。フィルムというコピーでもって圧倒的多数の人々に提示・提供されていくことを前提とした新しい芸術であり芸能である（二一世紀になってフィルムはなくなったが、コピー性はますます顕著になった）。山田は、そんな「商品」をつくる企業体の一員として、経営者的発想ではなく、しかし「利潤」を生むことを目的の一つとして堅持しつつ、一緒に働く仲間として、自分自身の進退について考えているのである。

そんな中で、大船撮影所が二〇〇〇年に閉鎖されたのは決定的であり、これはいくら大監督であっても、はるかに山田の守備範囲を超える問題であった。二一世紀には撮影所システムは瓦解するが、一九六〇年代に、山田が松竹だけを拠点にするとしたことは、重要な決意であったとしなければならない。「山田組」という言葉は、新しい世紀になって、撮影所主義が雲散霧消し、社員スタッフがほとんどいなくなってからも、ある種、特別な意味を込めて生きつづけている。大船閉所以後、主に世田谷の東宝スタジオで山田映画は撮影されるが、現場の雰囲気に、「山田組」という一つの集団が機能しているのが感じられる。山田組初期からの老スタッフが、若い労働者と一緒に映画づくりに参加している。――白井・虫明に対する山田発言が一九六七年であって、『男はつらいよ』以前、山田がまだ松竹監督のone of themにすぎない、新人に毛の生えた頃になされたものであることには注目しておかねばならない。

対談に戻る。「松竹映画ヒューマニズムの正統を受けつぐチャンピオンとして」期待される山田に白井が問いかける。「山田さんの作品世界というのは、山田さんという強固なフィルターで、光線のいろんな部分の中のある束だけを強固にスポットしちゃっている。そのなかで磨きをかけられ、ヒューマニズムは美しく、自然はきれいだ。……もっとぶち壊された部分や、もっといぎたなくわれわれが生活している現実にぐだぐだとつながる部分がないと、現代の作品というのはいけないのではないかと思ってしまう」。だが山田は白井の「挑発」に、そっけなく「でも、やはり美しい作品をつくりたいのです」と応え、話の腰を折る形にしている。議論が嚙み合わない。

映画産業下降の中で、映画の商業性と作家性の並立をこそと本気で考える映画ジャーナリスト・白井佳夫は、右に見る山田の「商業的要素」の重要さや、「山田組」の大事さや、観客に依拠する姿勢を、理解はするが納得はしない。いわばどこかに違和感があるとしてよい。白井は（虫明もだが）、商業主義を拒否する側面を強くもって作家的主体性を貫くことを本意とする先鋭部分がすでに松竹を去っていることも念頭に置き、大島たちの「作家主義」とは発想の違う山田の姿勢を理解しつつも、納得しきれないものを感じている。白井からすれば、大衆追随的な側面を克服して作家性を堅持しつつ、「現代の作品」を創造し、映画愛好家の期待に応えるべしと言いたいのであろう。だが批判は的確でも、あるべき「現代の作品」を具体的には提示できないのが現実でもある。監督が大手会社と訣別したとして、残されたスタッフはどうなるのか。

従来の松竹ディレクター中心主義で反撮影所主義の映画作家は、「わかってくれないやつはわかってくれなくてもいい」と考え、自己実現を圧殺する経営者の姿勢を首肯できぬと考えた。ヌーベルバーグ派は、大手映画会社＝松竹大船と訣別していった。共に働く現場の労働者への配慮や連帯感が濃厚にあったとは思えない。だが山田は決定的に違う。白井は、硬派ジャーナリズムの中に、山田の営利的映画資本へのべったり的態度を批判する風潮があり、先鋭部分には山田の資質を断罪したい傾向が厳然としてあることを、それなりに理解・納得をしつつも、映画斜陽の中で進むことも退くこともできない映画の「現在」を気にしているのであろう。そんな現状をふまえてなお、山田に大衆追随的な側面を克服しつつ、しかし観客を画面に引きずり込む創造的映像をつくるべしと言いたいのである。

山田は「〈巨大資本を必要とする映画芸術の〉本質をふまえて、企業内作品での自己主張の道を選」んだのである（『日本映画人名事典　監督篇』キネマ旬報社　一九九七）。山田は「〈大衆にわかる映画をつくる〉ということは〈妥協である〉ということとイコールでしょうか」と反問する。虫明が、「わからせるということは妥協じゃないですよね、絶対に」と反応し、山田は、「〈わからせる〉ということは僕はいいたくない。〈彼らが感動してくれる作品〉ということじゃないでしょうか」と応える。気色ばんだ反応に思われるが、山田には民衆に依拠した映画をつくりたいとの意気込みがみなぎる。同時に、大衆追随ではないのだとの主張もこめられていよう。虫明の「わからせる」という言い方に、山田は上から目線を感じているのだろう。民衆に思いをはせた民衆視線の笑いの創造が不可欠という山田的発想はここから生まれてくる。ポピュリズムという、プラスとマイナスの両義性をもつともいえる概念の、その両方に足をかけているとも解釈でき、それが私の山田洋次論のコアな論点の一つになるが、ともあれ、山田には松竹を飛び出す飛び出さないとの発想なり選択肢はそもそも出てくる余地がなかったといえるだろう。ただし『男はつらいよ』の映画化を拒否されたとき、たぶんただ一回だけ、興行が失敗したら「監督をやめる」と決心したようであるが（『山田洋次・作品クロニクル』）。この山田、虫明、白井の誌上での話し合いで、違った文脈で奇しくも、“to be or not to be”というフレーズが使われているのが印象に残る。

その二。『男はつらいよ　望郷篇』（第五作）の撮影中で、併行して撮っているのが『家族』という時期、多忙だが調子は上々である。「キネ旬」一九七〇年八月下旬号（No.５３０）の巻頭特集である。題して「山田洋次と『男はつらいよ』の研究」。

次のようなリードがある。「『男はつらいよ』第一作を作る時に、山田洋次監督はこんな風にいっている。〈悲しい出来事を涙ながらに訴えるのは易しい。また悲しい事を生真面目な顔で物語るのもそう難しいことではない。しかし、悲しい事を笑いながら語るのはとても困難なことである。だが、この住み辛い世の中にあっては、笑い話の形を借りてしか伝えられない真実というものがある〉」。寅さん映画のみならず山田映画すべてを貫く決意とその本質が端的に語られている、貴重な発言である。

この号では「〈男はつらいよ〉をめぐる作家山田洋次の人間的研究」の座談会を掲載している。編集長になっている白井佳夫が司会をし、山田宏一、倍賞千恵子、高島幸夫、川本三郎が出席。寅さん映画と肌が合うのかと意外に思える山田宏一や、逆に渥美清のマネージャーである高島幸夫も出ていて、いささか異色の座談会である。山田洋次に注文をつけながらも、みんなが『男はつらいよ』のファンだと名乗りを上げる。川本が寅さん鑑賞体験を語る。「新宿の深夜映画であまり笑っていたら、因縁をつけられちゃいましたよ。（笑）〈どこがおかしいのだ。

……おれは泣けて泣けてしかたがないんだ！〉と、あんちゃんが怒る。（笑）……厳しい心意気というか、やさしさというか、そういうものがある」。山田宏一が、「ぼくは『男はつらいよ』の第一作を数回見に行って」と信じられないようなファン的発言をしつつ、みごとな『男はつらいよ』論を手短に述べる。「寅は、わがままで、甘ったれで、とても非現実的ではあるけど、日本男子の夢みたいな人物だと思う。……非論理というか、没イデオロギーみたいなものが論理とかイデオロギーを越えてしまう、という強さですね。イデオロギーというものを人間は持たなければいけない、みたいな世の中でしょう、現代は。しかしそんなものを飛び越えた強さですね」。確かに「論理とかイデオロギーを越えて」というところにポピュリズムの特徴もあり、その両義性に足をすくわれそうなものがなきにしもあらずだが、そして「論理とかイデオロギー」が行方不明になったような二一世紀になってしまったが、的を射た『男はつらいよ』論である。すぐれた擁護論でもある。

司会の白井が最も雄弁である。いくつかの発言を順不同で拾っておこう。「山田洋次映画の良さとは一体何だろうか。……山手線循環型映画のたいへん良質な作品」。「別に大前衛でも大芸術でもないけれども、心にしみて人間をリラックスさせる要素を持っていて、他ならぬ日本人の精神そのものが生み出したような作品である」。「蒲田、大船以来の、庶民映画の、いい意味でのオーソドックスな血を引いていて……」。「実に堅固に自分の持っているものを変えないでやってきている」。「『なつかしい風来坊』は山田喜劇の最高傑作だと思います」。「アメリカ流にいうとホーボー、流れ者の風来坊の主人公の性格に結びついてきている」。「伊丹万作の『無法松の一生』の主人公富島松五郎につながってくる、という気がした。日本人の精神風土の、一つの原像ですね、あれは。寅さんの名前の車寅次郎の〈車〉というのは、松五郎が人力車夫だった、その〈車〉とつながってくるのかもしれない……」。白井にとって『無法松の一生』は、ここでは触れないが、自己の生涯の決定的出会いの映画でもあり、「キネ旬」編集長・白井佳夫の意気込みが伝わってくる。これまたすぐれた寅さん論である。

2 「怨念」から「慈愛」なのか

その三。『男はつらいよ』の評価について、節目ともいえるものになったのが、キネマ旬報社『世界の映画作家14改訂版』における山田洋次と白井佳夫の「追加対談」である。一九七四年『男はつらいよ　寅次郎恋やつれ』（第一三作、マドンナは吉永小百合）が公開された直後である（改訂版は一九七七年発行だが、山田と白井の「追加対談」がおこなわれたのは一九七四年頃と推測される。発行が「大幅に遅れてしま」ったことを編集人・小藤田千栄子が「お詫び」している）。

少し詳しく、そしてこだわって考察してみたい。山田と白井の意見の相違から浮かび上がるものが、山田映画の本質をめぐる問題になっているからである。山田はすでに自分の敷いた路線を歩んでいるが、この対談は、ジャーナリズムに現れたシリーズに対する評価なり判断の節目の一つだったと思われる。私はこのインタビューをどう解釈すべきかに触れて、数十年にわたってあれこれ解釈して書いたりしてきたが、ここを大きなターニング・ポイントとして、山田洋次映画が何であるかが明瞭になっていったことが、今にして理解できる。山田の映画観の本質が、白井の望むものとは少し違い、そこから山田洋次と『男はつらいよ』の本質的なものが引き出されたということでもあろうか。私自身、自説に自信がもてずに解釈が揺れているが、本書が最後のものになるだろうとの総括的気分で、再々度の考察をしておきたい。

この対談で、白井は山田に、大いなる激励を込めつつ、痛烈な疑問の提出なり批判をしている。白井は一九三二年生まれ、つまり山田より一歳下の同世代で、ともに最後の戦中派ないしは戦後派のはしりということになろう。白井はインタビュアーであり、山田の見解の引き出し役であろうとしているが、熱がこもって実質的には対等の対談になり、白井は山田をいわば、好意をもって、しかし厳しく攻めている。白井が山田に向かって忌憚のない感想をぶつける。

「映画作家・山田洋次を、ぼくらが考えるのに、やっぱり『男はつらいよ』以前、以後といわざるを得ないようなことが、明らかにあるわけですよ（笑）。……寅さん以前の山田さんには、もっと意地悪な目があったような気がするわけですよ。それが、いやな言い方をすると、非常に円満になってきている。……何か葛藤がなくなってきている。……寅さん以前の山田さんの映画が持っていた、むくわれざる者の怨念みたいなものとか、くやしさ、意地悪さとか、そういうものが希薄になっているような気がする。美しく、雄々しく、健康で、苦しいけれどもがんばっている人たちということに、慈愛の目がそそがれて、葛藤が欠けてきているんじゃないかと」

白井の発言を、寅さんファンなり山田洋次擁護論者は、心して再度読み返さねばならない。隗《かい》より始めよ、まず私からだと思う。白井はやはり山田論の中で、賛否当否はともかく、最も本質的で核心をついた重要な指摘をしている。まじりっけなしに山田作品である『馬鹿が戦車でやって来る』（一九六四）なんかは鮮明に「むくわれざる者の怨念みたいなものとか、くやしさ、意地悪さ」が出ている作品である。だが『男はつらいよ』は回を重ねるにしたがって、次第に「慈愛の目がそそがれて」くる傾向も出てくる。白井はそれを大衆迎合的気分だと、認識してはいなくても、肌で感じていたとはいえよう。それを読んだ当時の私はといえば、自らの「男はつらいよ論」を準備しはじめていた頃で、山田擁護一辺倒でよそ見をする余裕がなかった。だから白井の言い分は、山田への敵対的批判だと思って緊張した。そして山田を私自身の都合のよいように解釈して、白井への厳しい反論を自己流に組み立てようとした。だが時を経て、『男はつらいよ』が三〇作も超える頃には、白井の山田批判は、山田の性善説的映画づくりに対する辛口の激励であると理解するようになっていた。厳しい批判の底には、それにもまして人間への、あるいはこの国で誠実に生きる名もなき人々へのエールを送る山田に対する激励がこめられていることが、はっきりと私にも読み取れるようになっていった。山田に対して、きれいごとで済まさず、もう少し辛口で辛辣なユーモアや、あるいは反語的ヒューマニズムがあってもよいとするのは、むしろ常識的な判断であろう。だが当時の私には、山田と寅さんは一体であり、その一言半句や一挙手一投足が、まるでヒーローや聖者の言説であり行為のように思えていた。だから白井の、いわば山田への逆説的な励ましや、ある種の意識的アンチテーゼ的な提起を私は理解できなかった。今にして思えば白井の批判が、ある点では正鵠を射た批判であったがゆえに、私は冷静な判断ができなかったと言い直してもよい。「円満になってきている」「葛藤がなくなってきている」「怨念みたいなものとか、くやしさ、意地悪さとか、そういうものが希薄に」等々の言葉に反発した。要するに私は山田映画信者だった。懐疑的気分で、聖域に土足で入ってくる批判には、信者なら、厳しく対応しなければならぬと思いこんだのだろう、白井の言説は受け入れがたかった。

私は軽薄であった。山田の核となる映画づくりへの思いに対し、白井は、これ以上はないと思われるほどの共感と、同時に、それと対になった厳しい疑義の提出をしているわけで、ここをクリアしないと本物の映画作家として歴史に名を刻むことはできないのだとの深い思いをもって発言している。だが私は、白井の言おうとしていることを虚心坦懐に聞く耳をもたなかった。悪意さえ含んだいびりのように思えた。

「キネ旬」編集長になった白井佳夫は、山田と渥美と『男はつらいよ』の特別増刊号を二冊も刊行して、山田や寅さんにエールを送っている。雑誌が売れるとの商魂があったにしても、白井の山田への厳しい批判的言辞は、裏返しに山田への期待をともなった好意的意図に立脚していたことは疑うべくもない。ここでは白井の言説を総括的に再検討してみたい。述べてきた「キネ旬」白井発言の中にある、山田映画には「意地悪な目」や「怨念」がなくなり、「慈愛の目」にあふれて「葛藤が欠けてきた」云々に対して、山田が白井にどう対応しているのかを読み返してみると、多くのことが見えてくる。白井の指摘に山田は、むろん激励は激励として受けとめている。だが安易な同意や了解の返答をしていないこともわかる。非妥協の側面がはっきりとある。そのことに半世紀近く経って私はあらためて気づき、自らに問い直したい気持ちになる。

この対談を読み返すと、白井の指摘に山田は、ストレートに真正面から対応していないのがわかる。白井は山田への好意と激励の気持ちをもって、山田への疑義を提起する。だが山田は白井の突っ込みに、意識的にすれ違いの見解を述べている。論点をずらして、「落語には毒がある」が、「その毒を笑いで吹き飛ばす」ことに「健康な生活を維持しようという民衆の気持ち」がある云々などと応じている。私には理解できない部分もあるのだが、白井が山田に「意地悪な目」や「怨念」を作品に持ち込むべしと言うのに対し、山田は質問の趣旨を充分に理解しつつも、むしろ怨念を払拭し吹き飛ばすのが喜劇映画の役割だとの自己の見解を述べているように、今の私には思える。「怨念」に対応する「落語の毒」などによって、山田は喜劇映画をつくりたいというようにも読める。山田の中では、善意の塊であるパニョル喜劇のようなものが意識されていたのかもしれない。あるいは山田は、「意地悪な目」や「怨念」とは共生できないのだというべきか。

　批評家・白井の言に対し創造者・山田は、主旨は承るが、自分の映画は白井の求めるようなものをめざしているのではない、少し違う、あるいは決定的に違う、と言っているようにも読みとれる。白井と山田は噛み合っていないというか、互いに自分の映画論を吐露しており、意気投合なり、アウフヘーベン（止揚）を求めていない。白井は山田にないものねだりをしていると理解すべきか。山田は、自分が描きたいのは「意地悪」や「怨念」とは少し違うと言っている。白井は、観客に媚びる大衆迎合的なものを否定し警告しているのであり、対するに山田は、民衆的視点を失っているわけではないとの心情を迂回して主張しているように読める。山田が原義としてのポピュリズム＝民衆派の映画をこそ求めているのだと読みとることは的外れではなかろう。

　この山田＝白井の対談より少し前の一九七一年に山田洋次は、『野のユリ』（一九六三）、『ソルジャー・ブルー』（一九七〇）のアメリカ映画界進歩派ともいうべきラルフ・ネルソン監督と対談しているが、相手が外国人だからか、次のようなわかりやすい言葉で自らの思いを発している。「チャップリンという人は、はっきり貧しい人間たち、すなわち私たちのために映画をつくっているな、と思った。私たちの側に立ってね。それは今でも、変わらぬ映画の原則じゃないでしょうか。ぼくはそう考えています。ぼく自身、大衆の側に立って映画をつくりたい。

それを忘れたから、だんだん映画というものをみんなが見なくなったのじゃないか、と思っています。ぼくは、そういう立場で、映画をつくり続けたい、と思っている人間だし」。「貧しい人間たち」「大衆の側に立って」こそが山田のホンネなのである。当時の映画づくり、映画会社や映画作家、評論家たち映画関係者に対する、ゆるやかな山田の反論的意図も感じることができる（ネルソンとの対談は「キネ旬」一九七一年三月一日号に掲載されたが、ここでは以下より引用した。『対話　山田洋次　2　映画は面白いか』旬報社　一九九九）。

3 『吹けば飛ぶよな男だが』と森崎東

山田作品で考えるなら、「意地悪な目」「怨念」が最もナマで出てくる代表的作品は、一九六八年の『吹けば飛ぶよな男だが』である。この作品は、山田の第一三作目にして、「キネ旬」のベストテンに初めて入った作品であり、見直してみて、確かに刮目に値する作品ではある。山田はタイトルを「チンピラ・ブルース」としたかったが、気に入らない題名をつけられて腐ったなどと回想している。チンピラヤクザの悲しくもおかしい、そして粗暴にして純情な青春が、神戸を舞台に鮮やかに切り取られており、なべおさみを中心に、有島一郎もミヤコ蝶々も緑魔子も犬塚弘も、「陽の当たらない世界」の人間をアンサンブルよく演じている。むろん演出も確かである。底辺に生きる人たちを下方から見る目線も鮮やかである。それでもラストのミヤコ蝶々となべおさみの「別れと出発」は人間讃歌になりえているといってよい。今村昌平の「重喜劇」的要素もある山田唯一の作品である。だが山田は、「これはいやな思い出ばかりの映画」であり、ヒットしなかったし、「いよいよとなったら監督業がおしまい」と覚悟したが、結城昌治や岡本博などがほめてくれて思い直したと言っている（『山田洋次・作品クロニクル』）。この山田の自作に対しての「いやな思い出」は、この作品が、山田自身が暗中模索の中でめざした作品にはならなかったからだと考えるのが妥当のような気がする。笑いの創出に無理がある。そして「意地悪」「怨念」「くやしさ」「葛藤」や自虐的な笑いが噴出しない喜劇なら自分にもできると、山田は考えを傾斜させていったのではないか。いや、以前から山田は重く苦い喜劇を模索していたのではない。良くも悪くも『愛の讃歌』は『吹けば飛ぶよな男だが』と表裏の関係になるのだろう。この二つのいわば両極的な作品についての、どちらをとるかとの葛藤から、本当の山田喜劇が始まるという言い方もできる。求める喜劇が、直線的ではないにしろ、『愛の讃歌』系にあり、その底流がパニョルの喜劇であることが明確になってくるのではないか。一九六七年の『愛の讃歌』、六八年の『吹けば飛ぶよな男だが』、六九年の『男はつらいよ（第一作）』は、「正」「反」「合」的関係になる必然性があるのではないか。違う言い方をすれば、『男はつらいよ』の第二作、第五作、第六作あたりは、傑作喜劇である『吹けば飛ぶよな男だが』の呪縛なり幻影から、そこにある重みを重みとして背負いつつも、少しずつ解放されていく過程だといってよいだろう。それがよかったかどうかの判断を無理にすることは、あまり意味がない。「意地悪」や「怨念」がコアとなるものとは遠ざかる形で山田喜劇は完成していき、それが山田の本来の資質ないしは望むところとして進んでいったのである。だが実証抜きにいえば、アンチテーゼとしての『吹けば飛ぶよな男だが』は、山田の中でそれなりに生きつづけていった、あるいはすっかり捨て去ることをしなかったからこそ、山田作品は芯のあるしっかりしたものとして確立したようにも思える。

論じてきたことと重なるが、『愛の讃歌』『男はつらいよ（第一作）』あたりを念頭に、森崎東とシナリオを共作した作品を、再度、山田喜劇の変容という観点から考察してみよう。森崎が言う。「洋ちゃんとの作品で何となく僕自身のものが入っていると思われるのは『吹けば飛ぶよな……』。これは最終的には、僕がほとんど書いて、ほとんど直しが入っていないという形。ですから、厳密にいえば、これ一本じゃないかと思うんですよ。あとの共作は、やっぱり彼の世界であって、僕はアシストしたという感じですね」（『世界の映画作家14』）

前節で述べてきた白井佳夫との関わりでいえば、白井の求めているのは、山田作品の中に鮮明ににじみ出ている森崎東的な要素を重視し、したがって森崎味を大事にした山田作品にすることだとも読みとれる。『男はつらいよ』の第一作のシナリオは森崎東が参加しているが、寅の失恋の強烈さが印象に残る傑作である。その死んでしまいたいほどの決定的な失恋、さらに寅を笑いものにして、さらしものにすることを提起ないしは支持したのが、森崎東ではないだろうか。

別途、森崎は『男はつらいよ』第三作『フーテンの寅』(一九七〇)を、山田が多忙のためピンチヒッター的に演出しているが、ここでの寅の失恋(マドンナは新珠三千代)は、失恋して寅が傷心の極にいるときに、寅の傷口に唐辛子を塗り込むような二重のパンチをくらわしている筋立てである。ドブに落とされた後で寅はさらに足蹴にされている。この第三作で森崎はかなり自在に内容も演出もやれたと思われる。冒頭、爆走する「汽車が走る」という動的ショットをいくつか配しているが、山田ならこんな撮り方はしないだろう。シナリオに「四日市のコンビナートの見える漁村」とあるが、ロケは四日市公害被害で当時問題になっていた「磯津」地区でおこなわれている。煙突から煙がもうもうと出ている。それに続く、博徒の花沢徳衛が老残の身で同業の寅と話すシーンでは、大船でのセット撮影にもかかわらず、終始煙突の煙をバックに配することを忘れていない。花沢が震えているのを公害患者だろうとするのは深読みだと思うが、その時点で三重県に行ったことがないと山田は言っており、そんな事情は知るよしもない。森崎の判断であるに違いなく、そこには森崎の作家性が明確に打ち出されている。

少し横にそれるが、森崎自身は、戦時下に将校だった実兄が敗戦の次の日に割腹自殺をしたのが、三重県の現・津市香良洲町の三重海軍航空隊予科練基地内だったという悲痛な思いをもっている。その同じ県内をロケ地に選んで、思いのままに、これでもかという思いをぶつける感じで、寅の失恋物語を遮二無二描いたようにも推測できる。山田のオリジナルである『男はつらいよ』を、森崎は、器用にではないが、完全に自分の作品にしてしまっている。森崎のデビュー作『喜劇・女は度胸』（一九六九）や『喜劇・女は男のふるさとヨ』（一九七一）のシナリオは山田との共作になっているが、これまた山田が超多忙ということもあって、完全に森崎ペースになっているとして間違いないだろう。『喜劇・女は男のふるさとヨ』などはすばらしいが、山田は森崎の暴発をかろうじて押さえる役割しかできていないのではないか。だが、それだけの小さな抑止が、この森崎映画を拾いもの的秀作にしたということはいえよう。山田を離れた森崎は、断然、わが道を行き、大きな開花をするが、もはや抑制が効かない個性的映画人になっている。それでよかったという気分と、無軌道になりすぎたのではないかという思いが、私には交錯する。『ニワトリはハダシだ』（二〇〇四）などの評価をどうするかに私はとまどう。だが森崎の遺作『ペコロスの母に会いに行く』（二〇一三）は、ある種の調和に達している秀作である。

山田は森崎の力量を知っていた。山田と森崎は互いに異質であると意識すると同時に、それにもまして互いが異能の持ち主であることを認め合っていたはずである。もう一つ、森崎は一九九四年『釣りバカ日誌スペシャル』で山田のシナリオ参加作品を演出しているが、これは「釣りバカ」のシリーズではただ一本の異色作である。絶対的な人間信頼のシリーズの中で、人間には裏腹に「人間不信」もあるのだという主張を盛り込んでいてみごとである。しかも「釣りバカ」シリーズの中にそれなりに収めている。森崎は歯の浮くような「釣りバカ」の人間信頼物語には疑問を感じ、一矢を報いたかったということだろう。だが山田流への共感が根底に流れていることもまた確認しておかねばならない。

二〇二〇年、九二歳の森崎東訃報に接して、追悼をこめて書いた拙文を抄出しておこう。「(『男はつらいよ』)第三作の泥臭さとバイタリティーは森崎ならではのもの。寅が唯一さくらに対する思いを台詞にした〈可愛くても妹じゃ、しょうがない〉が意味深長。これは森崎の意向かも。『男はつらいよ』は極端な言い方をすれば、山田が森崎的な混沌をいかに払拭していったかの過程である。〈不良の失恋男〉が、〈失恋優等生の寅〉に変貌するのに二十余年を要した。そのことでシリーズが面白くなったか、つまらないものに堕ちたかは、観る者の感性と価値観で決まる。──ちなみに私の答えは、両者とも合格。このシリーズの奥行が深まったから」(『シネマ游人』No.10　二〇二〇)

4　「待つ人」と「旅する人」

山田には、自分が戦後の少年時代を生きた山口県への憧憬に満ちた望郷の思いはほとんどない。旧制宇部中学に籍を置きながら、学業は二の次で生活費を稼がなければならず、アルバイトをしたり、「冬休みには兄と闇屋をやりました。キビナゴやアジの干物を山口県の日本海側の仙崎(長門市)まで仕入れに行くんです。詩人・金子みすずの仙崎です」(『山田洋次・作品クロニクル』）と語る。宇部については、テレビで山田一家が仮住まいをしていた田舎家の外形をいつか見たように思うが、そこでの生活については触れたくない感じを受ける。そういえば一緒に闇屋をやった兄への想い出も、山田はほとんど語らない。三人兄弟で、兄が中国地方で高校の教員をやっているといつかどこかで言っていたと思うが、とにかく山田にとっては、旧制山口高校の山口市にも懐かしく楽しい想い出は少ない。饒舌ともいえるところのある山田だが、朝鮮人に可愛がってもらって暖かいものを感じたといったエピソードは語るけれども、上京するまでの山口県で知り合った同級生などの、フルネームつきの挿話や友情話など聞いたことがない。

寅さんは全国をくまなく歩いたから、第三七作『幸福の青い鳥』で山口県へも萩、下関へと足を伸ばしたが、宇部市や長門市、山口市には行かなかった。『故郷』の瀬戸内海も、『東京家族』における瀬戸内海の島も、広島県止まりだった。『愛の讃歌』の小さな港町も広島県である。小津安二郎が郷里でロケがしにくいのは、「腕白時代の僕を知ってる人がまだまだいるんでね、恥ずかしくって」（野田高梧「キネ旬」No.358　一九六四）というのとは全く事情が違う。ゲスの勘ぐりではあるが、少なくとも、故郷喪失者の山田にとって、宇部や仙崎の海よりは、マルセイユの海と街のほうが、「異郷」ではなく「故郷」の匂いがすると感じられていたのではないか。大阪府豊中市生まれで福岡県柳川市に本籍をもちながら、植民地・満州育ちで、この国が植民地をもつなどしたことを恥じ、その植民地での高級技術者（満鉄）の息子であったからこそ、敗戦で何もかも失ってしまい故郷喪失者のデラシネになった山田にとって、行ったことのないマルセイユは、パニョルの心の故郷であったのと似た意味で思いをはせるところになったのではないか。マルセイユは、人と人とが心を通い合わせている擬似的故郷としての意味をいつかもつようになっていたのだろう。そして『男はつらいよ』が根づいたとき、山田はもう一つの故郷を葛飾柴又に得たりとばかりに人々に語りはじめたのである。

パニョルの『ファニー』の世界は、伝統的大船調の人情喜劇そのものである。むろん山田は映画『北ホテル』も見ているだろう。そしてやっと、『ファニー』を原作とし、舞台を日本に移し換えた『愛の讃歌』で、大衆主義・民衆主義的なエスプリ（精神）を受け継いでいくことになった。ここから『男はつらいよ』への発想がストレートに生まれたとするのは短絡的であるが、しかし、パニョルと『愛の讃歌』を考えないと、『男はつらいよ』の理解は深まらない。『ファニー』の喫茶酒場は、『愛の讃歌』の「待帆亭」の原型であるし、それは、そのまま帝釈天題経寺参道の団子屋につながる。地域共同体の「詰め所」でもある。「詰め所」には大勢が集うわけではないが、この団子屋は、道を歩く人が、家族の食事をしているのを見ることができるほど開放的であることを忘れてはならない。そこに集う連中も、一人ひとりの友人というのではなく、全員が一つのかたまりなのは明確である。『愛の讃歌』の春子（倍賞千恵子）をさくらの、竜太（中山仁）を寅次郎の原型とするのはいささか強引であるが、春子を「待つ人」、竜太を「旅する人」と考えても、的が外れているわけではなかろう。「待つ人」（定着者）と

けるのである。

「旅する人」（放浪者）は、相互に相手の中に自分にないものを見て、憧憬の気持ちをもちつづ

5　永戸俊雄——パニョルの紹介者

パニョルを日本に紹介した永戸俊雄のことを、最後にメモしておこう。詳しくはわからないので、「キネ旬」が資料の中心となる。

一八九九（明治三二）年が生年で、一九五六（昭和三一）年が没年だから、五七年の生涯は当時としても短い。「キネ旬」一九五六年一二月下旬号（No.１６４）「編集室」に、訃報が記されている。「本誌同人である永戸俊雄氏は、かねてよりスイゾウ癌のため、築地の癌研究会付属病院で治療中のところ十一月二十六日午前一時五分逝去せられた。同氏は毎日新聞の要職を昭和二十九年、停年退職せられ、戦後、映画評論家として、健筆をふるわれたことは読者諸賢もしらるるところで、病い俄《にわ》かにつのりここに逝去せられたことは、まことに哀悼にたえず、ここに謹んで同氏の冥福を祈る次第である（大橋）」。新聞社に入り、勤務のかたわらフランス文学の翻訳家として知られ、五五歳で定年退職し、以後、軸足を映画評論と翻訳などに移したようである。没年の六月に香港で開催された「第三回アジア映画祭」には審査員として参加し、最優秀女優賞を『浮雲』の高峰秀子が獲得したこと等を報告している（七月下旬号　No.１５０）。

以後も「キネ旬」だけでも一〇編以上の執筆をしている。そして突然の訃報、まさに「病い俄につのり」である。死後、「永戸俊雄氏を悼む」として三人の追悼文が「キネ旬」に掲載されている中に、牛原虚彦《きよひこ》のものがある。題して「パリの永戸俊雄氏」（一九五七年新年特別号No.165）

「永戸俊雄氏と私が深く交りを結ぶようになったのは一九三〇年から三二年までのパリ滞在中だった。……毎日新聞パリ特派員だった彼は東奔西走、縦横無尽の活躍中であった。……彼は人一倍、芝居を愛し、シネマを愛した。マルセル・パニョルに傾倒し、ルネ・クレールを敬愛し、多忙な中にも親しく彼らと往来して、人間としての彼等について私の蒙を啓いてくれたものである。後年、彼が映画批評に専心するようになった起因は、このあたりにあったのであろう。私はいまでも彼と一緒に『マリウス』の舞台を見た日の興奮を忘れ得ないし、『自由を我等に』のセットを訪れた日の喜びを思い出す。彼のマルセル・パニョルの翻訳は名訳である。その理由はパニョルと親しく交わり、くりかえし、その舞台をみきわめた上での労作であったからと私は信じている」

永戸俊雄なかりせば、日本に『男はつらいよ』と、それに連なる民衆的な映画の伝統は、少なくとも、今ある形では成立しなかったろう。だとすると、永戸俊雄がただ一人、日本でパニョル文学に傾倒して、そのエスプリを日本のものにしようと、いわば生涯をかけて取り組んだことは、実に重要な文化史的役割を果たしたことになる。二〇世紀後半のこの国に、一滴の愛や善意の香水をふりかけてくれる源の一つとなった。『愛の讃歌』の冒頭のタイトルの中で、「原作　マルセル・パニョル、翻訳　永戸俊雄」と記されているが、エンドロール方式でなかったこの時期、翻訳物の映画化で、訳者までが印されたことは、山本嘉次郎の原作記述なしは論外としても、あまり例のないことだったと思う。これはひとえに、日本でパニョルに入れあげていたのが永戸俊雄だけだったからである。もの好きの道楽仕事ではない。パニョルと永戸に対する山田の敬意でもあろう。永戸が一九三五年に翻訳して白水社から出した『ファニー』の長文ともいえる「訳者の言葉」なかりせば、山田は、その映画化へのはずみがつかなかったともいえるし、『男はつらいよ』の葛飾柴又は探し出せなかったかもしれない。永戸の果たした役割は限りなく大きい。

　永戸は、戦後、新聞記者をしながら映画評論の筆もとった。一九五一年から「キネ旬ベストテン」選考委員に名を連ね、死の前年の五五年まで務めている。永戸がベストワンに挙げた邦洋作品を列記する。五一年『命美《うる》わし』『陽気な幽霊』、五二年『生きる』『風と共に去りぬ』、五三年『雁』『探偵物語』、五四年『二十四の瞳』『ローマの休日』、五五年『夫婦善哉』『青い大陸』。一〇作品のうち、「キネ旬」のベストワンになった作品は『生きる』『二十四の瞳』の二本である。『風と共に去りぬ』や『青い大陸』がベストワンというのは、他の「キネ旬同人」「芸術映画派」とはかなり違う。『風と共に去りぬ』の選評には、「映画芸術というものが要求している条件のすべてを満たしているように思う。……これほど映画芸術の理想に近い作品はまれであり」云々とあって、ハイブローな選評とは無縁である。パニョルの演劇と通じるものを感じたりもする。

永戸が一九五〇年の再刊「キネ旬」に最初に書いたのは、「毎日新聞・紙面審査室」の肩書きでの、一九五一年七月特別号（No.18）「第1線スタア論」のミニ女優論であると思われる。そこに高峰秀子のことを書いている。その中に「『春のたわむれ』（註・正確には『春の戯れ』）ごろから、オトナらしくなろうとしているのも事実だが、まだオトナになり切れていない」とあるのは、マルセル・パニョルを論じてきた本書の筆者としては、偶然の一致であることを承知しつつも何かの縁《えにし》を感じてしまう。

毎日新聞勤務ということもあって、戦後復活した「毎日映画コンクール」の選考委員長も務め、のちにコンクールの功労賞も受けている。今に続く映画祭の基礎を築いている人でもある。牛原虚彦の追悼文を読むと、永戸の来歴というか、なぜパニョルなのかがよくわかる。そうだったのかとの種明かし、むべなるかなである。ルネ・クレールの名が出てくるが、私のような戦後派は『自由を我等に』（一九三一）はもちろんだが、老いを迎えた名優ピエール・ブラッスールが主演した『リラの門』（一九五七）などを、名もなき民衆を前に押し出した名品だと思うから、永戸俊雄がクレールを敬愛するのを快く思う。永戸を語る牛原虚彦は、伝説の、ともいえる日本映画史草創期の大映画人、監督である。古典中の古典『路上の霊魂』（一九二一）の脚本を書いている。松竹の蒲田撮影所が出来た年に入所している。この時代、東京帝大出で活動写真屋になったのは城戸四郎と牛原くらいだったようだ。映画が海のものとも山のものともまだわからぬ時期である。功成り名を遂げての映画人生であったが、パリで永戸との接点があったことがわかる。牛原のほうが少し年長である。

永戸俊雄に、政治信条やイデオロギーを探し求めても無駄だろう。だが、自由を愛し、戦前においてポピュリズムの理解者であったという意味では、立派な民主主義的人格である。フロン・ポピュレール（フランス人民戦線）下のパリにはもういなかったのだろうか。良いものは良いと判断できる人、そして映画を愛し、文学に傾倒した自由人。それで充分である。それにしても永戸俊雄には『男はつらいよ』を観せたかった、寅さんを評してもらいたかった。永戸なら、葛飾柴又と寅を、マルセイユとパニョル戯曲の登場人物と重ね合わせて、泣いて笑って歓喜したことだろう。だが寅さんの誕生は、永戸が鬼籍に入ってから一三年も先なのである。

第Ⅳ部

小津安二郎における
ポピュリズム

小津安二郎（1903－1963）

第10章　戦前小市民映画と『東京物語』

1　医師・平山幸一と美容師・金子志げ

小津安二郎『東京物語』（一九五三）の中で、息子の医師・幸一（山村聰）と、その妹で美容師の志げ（杉村春子）が三千円ずつ出し合って、尾道から東京見物に出てきた老父の平山周吉（笠智衆）と母とみ（東山千栄子）を熱海の温泉に小旅行させる。親思いの親切というよりも、もてあまして追いやる雰囲気であるが、ここでは息子たちの支出額三千円ずつが適切な判断だったかを考えることから始める。結論的には、当時の諸物価とのバランスで、出費額は妥当としてよいと思われる。ちまちまとしてケチくさいエピソードとの印象が残るが、熱海への小旅行は本作品で重要な意味をもつから、いろいろな観点からの考察が必要である。

開業医だから、二千円や三千円にこだわるのが、現代人なら理解できないだろう。だが医師・幸一の家庭を富裕だと考えるのに、少し待ったをかけたい。都心から離れた下町で開業医をしているが、住居と診察室がひとつ屋根であり、一戸建て二階家には違いないが、尾道から老父母がやってくると、子どもの勉強部屋を一時《いっとき》とりあげて宿泊させねばならない。看護師は妻が務めているらしいが、雇う余裕がないとしてよいだろう。シナリオには、「内科　小児科　平山医院」の小さな看板が「空き地　そこの片隅に立っている」、「見たところあまり豊かそうにも思われない」とわざわざ注釈をつけている。住宅兼用の医院を、高度成長期以後の東京の地価やマンションと比較するのは妥当ではないだろう。幸一には土地と建物の借入金があるかもしれない。父・周吉が、尾道時代の友人たちとおでん屋で酒を飲むシーンでは、「場末のこうまい町医者ですぁ。……わしも不満じゃ」と腹立たしさを吐露するが、この台詞を入れた小津安二郎と野田高梧の意図を、観る者はメッセージとして受けとめねばならない。

一九五三年頃の東京は、まだ高度成長期以前であり、土地高騰期とは違ったはずである。ましてや「場末」である。だから父親の愚痴にはそれなりのリアリティがあるとしてよい。「あまり豊かそうにも思われない」のは額面どおりに受け取ればよい。医師がある種の特権階級になっていくのは高度成長時代以降であろう。敗戦後の町医者が、一般市民と隔絶した「超エライ人」だとは、戦後まもなくの人々は感じていなかったのではないか。ここでは銀座中心部の一坪当たりの地価が、この年、一一四万円だと『戦後値段史年表』（朝日文庫　一九九五）にあることを付記しておこう。

『麦秋』（一九五一）で紀子（原節子）が結婚する謙吉（二本柳寛）は、「（秋田の）県立病院の外科部長」に赴任するわけだが、周囲の者はあまり喜んでいないことも思い出してみよう。謙吉は、立身出世の足がかりは得たにしても、言うほどのものでないようである。紀子の兄・康一（笠智衆）は医師だから、秋田への赴任がどの程度かわかっていて、はっきりと不満を表明する。自分がお膳立てした「専務」との結婚を断らねばならないことへの鬱陶しさがあったにしても、エリートコースが見えて万歳というのとはほど遠いように察せられる。この時代の医師は、平均的な庶民と地続きであり、一目置かれていたには違いないにしても、「末は博士か大臣か」の範疇には位置づけられていないように描かれている。偏差値が高ければ「医学部志望」をまず考え、合格すれば輝かしい未来への切符を手に入れたと判断する現代とは違うのである。

医師・幸一は、急患があると、上京してきた親の東京見物を中止してでも往診に出かける。富裕な階層の大病院勤めのドクターとは縁遠い。市井の生活者を大事にしている個人の町医者なのである。休診日に両親を連れて東京見物に出かける直前、患者の男親が訪ねてきて、子どもが発熱したと訴える。幸一「熱も下がりませんか」。男「はァ、さっき計りましたらやっぱり九度八分で」。幸一「そうですか――、イヤ、伺いましょう」。男「さようですか、どうもお休みのとこを」。親を東京見物に連れていくことと、近所の子どもが「九度八分」の高熱を出して苦しんでいることとを比較して、とまどわずに「往診」と即断する勤勉で誠実な町医者なのである。中学生の息子が「今度今度って、行ったことないじゃないか！」と不満を言うが、この台詞から、平生から父親が町医者としての仕事を家族サービスよりも大事にしていることがわかるというものである。

他方、妹・志げの美容院も、客の座席は三つくらいで、そこから続いている隣の部屋が夫婦の居間兼寝室である。襖やドアで仕切られていないから、客から見えている。二階は住み込み助手の部屋である。実態は東京下町の零細個人営業なのだ。二一世紀の現今、本作を見る者は、医師と美容院自営の兄妹はケチで、とりわけ妹は勘定高い吝嗇《りんしょく》家だと思いがちである。だが、彼ら兄妹は思うほど豊かではないことを再確認しよう。妹が医師の兄に三千円以上の分担を要求しない、つまり美容師の自分と差をつけないのは、医師の兄が、下町の小さな美容院の経営でやりくりに苦労している自分と似た財政状況にあるのを知っているからなのだ。まさか兄の医師に見栄を張って同額出費を言っているとは思えない。計算高いのも事実だが、この女性がけっこう思慮深いことにも着目しておきたい。

母親が危篤と聞いてたちまち喪服のことを考え、死後すぐに形見が欲しいと言うところばかりを強調するのは当を得ていない。母の葬儀が済むと早々に帰京するのも、美容院をいつまでも休業にしてはいられないからだと理解してよい。杉村春子の名演が、この妹を目立った存在にし、そのイヤミなところを観客は強い印象として受け取ってしまう。本当に豊かであれば、形見云々などは出てこないともいえる。ブルジョアとは無縁の零細自家営業の徒なのである。兄の幸一だって、長期間、「本日休診」というわけにはいかない。当然ゼニカネ、つまり生活の問題がからむと見てよい。白井佳夫が「医師の山村聰も、美容師の杉村春子も、けんめいに日々を生きてはいるが、どうやらあまり世渡りのうまいタイプの人間ではない」（『黒白映像　日本映画礼賛』文藝春秋　一九九六）というのは的確な理解である。

もう一つ。老夫婦が上京してきた事情である。『東京物語』を観る観客は、息子と娘、とりわけ娘・杉村は勘定高いとの印象をもちがちだが、兄妹はそれなりに父母のことを思って奮発していることを理解すべきだと確認しておきたい。『東京物語』の上京は、老父母が子どもに招待されたのではない。「今の中《うち》に子供たちにも会っとこうと思いましてな」との父親の言葉にあるように、東京行きの言い出しっぺは老父母の側である。父母の押しかけ上京であり、「招かれざる客」であって、これは重要な前提である。特別に土産物も持参していないことも確認しておこう。父母の気持ちを受け入れてやりたいが、子どもたちには充分にはもてなせない現実がある。充分なカネとヒマがない。

そこに女神としての紀子＝原節子が登場する。紀子は義母のとみが自分のアパートに来たときに「お母さまのお小遣い」と、なにがしかを与える。ここは紀子の善意や気の利かせ方を観客がめでるべきシーンであるが、金銭授受が紀子から老義母へ、であることに留意しなければなるまい。老母は嫁に与えるものを用意してきていない。部屋が１ＤＫくらいのアパート住まいのサラリーガールが、義母に与えているのである。その逆が妥当ではないかと思ったりするが、ここでも尾道の老父母が東京へ子どもの様子を見ながら経済的援助でもしてやろうというのでは、全くないのである。老父母が子どもや孫に手土産をもってきていないことにもあらためて気づく。尾道の市役所「教育課長」などを務めたとあるが、それは裕福さを意味しない。四人の子どもを育てたのは相当の出費だったと考えねばならないが、要するに平山家は親子ともども、小津が『晩春』（一九四九）以後に描いてきた、さらには一九五八年の『彼岸花』以後の作品で描く、東京でのアッパー・クラス（upper class　上流階級）やアッパー・ミドル（upper middle 中流の上位）ではないのである。明らかに『東京物語』の平山一族は、『麦秋』の世界よりも財政的には低位にある。このあたりの「家族」論を本書で深追いする余裕はないが、あまたある『東京物語』論では父母の東京行きの経緯の詳細はあまり論じられていないように思われるし、ちまちましたカネのことについての緻密な考察がないので、実はここは肝要なところであることの指摘だけはしておきたいのである。

小津の頂点とされる『東京物語』の家族の財政状況を見てきたが、戦後の他作品と比べて、『東京物語』は微妙に違うのである。描かれる家族の階層が、戦後の『晩春』以後の作品は、それなりに金銭的に余裕があり、生活に困らない階層であるが、『東京物語』だけは、見てきたように例外的に少し違う。『東京物語』の世界は、むしろ戦前の小津作品につながるところが多いのである。振り返ってみると、一九三〇年代の小津作品は、中下層（ロウワー・ミドル・クラス　lower middle）や、そのものずばりの下層（lower class　ロウワー・クラス）の世界が中心であった。生きることの辛《つら》さ、生活することの苦《にが》さ、世を渡っていくことの辛《から》さの多くが金銭問題から派生していることを描き出していた。そういう世界に生きる人々に密着することで、人間の深層までを映し出す作品に到達しえたと思われる。戦後作品で、経済的余裕が充分でない世界を描いた『東京物語』だけは、「金銭問題」などをリアルに描いた戦前作品に回帰しているところがあり、そのことで作品世界のリアリティーが深まったと考えてよいのではないか。いわば経済的事情の緊迫感を背景にし、戦後の小津の成熟した演出術によってそんな世界を描き出すことで、大きな到達になりえたと考えるのが妥当だと思われる。

『東京物語』の前作『お茶漬の味』（一九五二）についても叙しておきたい。この作品の主要人物は、ほぼアッパー・クラス（上流）であり、戦後作品で最も豊かな階層であろう。次作『東京物語』を予感させるものはほとんどない。佐竹茂吉（佐分利信）と妙子（木暮実千代）夫妻は、麴町あたりの最高級住宅地に暮らしている。妙子はエリートサラリーマンの妻でありながら、さらに経済界の重鎮の実家から経済的な援助を受けてもいる。だから亭主にウソをついて、有閑マダム同士で修善寺に一泊の「豪遊」もできる。妙子は「お茶漬」などは下品だと公言し、汽車の「三等車」は嫌いで「展望車」に乗り、家には「女中」を二人も置いている。山の手族の有閑マダムの典型で、そのイヤミったらしい生活態度とお遊びが延々と描かれる。「女中」の存在が特別なものではなかった時代ではあるが、「二人」というところに注目しておこう。『東京物語』の医師は「女中」どころか看護婦さえも雇えないことを確認しておきたい。そういうブルジョア趣味をラストでいささか反省して、「お茶漬」も「おいしいわ」と言わせるのが落としどころではあるが。それにしても、『東京物語』とは、はっきりと区別しなければならないだろう。『東京物語』は、描く世界の社会的階層を意識的に一段以上下げている。『お茶漬の味』の「反動」なり「反省」的な気分が、小津や野田にあったと理解することもできよう。『東京物語』の「友人たち」にしてからが、ロウワー・ミドル（中流の下）ではないにしても、余裕があるミドルではない。周吉の尾道時代の友人・服部（十朱久雄）は、学生に間貸しをして生活費の足しにしている。だから服部の家に泊めてもらおうとやってきた周吉に「うちがもうちょっと広けりゃ今夜は泊まってもろうて」と思っても、それができない。古い友人を一泊もさせられない。その程度の生活水準であり、『お茶漬の味』の世界とは隔絶している。同じ尾道時代の友・沼田（東野英治郎）も息子のことを「まだ係長じゃ。あんまり体裁が悪りいんで、……部長じゃ部長じゃいうとるだけ」と飲み屋で愚痴る。もちろん「宿なし」になった周吉を宿泊させるようなことは論外である。『東京物語』は、このような人々の話なのである。この階層理解は重要である。本作が傑作になりえた基本的条件は、登場人物の社会的階層があまり高くないということと無関係ではあるまい。『東京物語』は『晩春』以後ではほとんど唯一、ポピュリズム云々が論議できる小津作品といってよい。

小津の戦前作品の多く、すなわち『晩春』以前の小津映画は、もっとつましい生活を強いられている低所得の人々の物語であった。戦前の小津映画は「小市民映画」というレッテルを貼られる作品が主流であり、登場人物の社会的階層にはかなりの幅があるものの、概して高くはない。その戦前作品群を「下町もの」と呼ぶ。『晩春』以後は「山手もの」と言い習わす。この場合の山手は国鉄山手線の内側であって、戦後、東京西部に広がった住宅地を意味しない。

さて、ここでは小津の「小市民映画」（小市民はプチブルPetit bourgeoisであり、ブルジョアジーとプロレタリアートの中間である）や、それにつながる作品群、要するに戦前作品を見直しておきたい。戦後の『晩春』以後の作品とは大きく異なる。ただし、小津の作品解説とか作品論ではないので、全作品の紹介・考察はしない。

2　戦前の小津作品再考

a　『東京の合唱《コーラス》』（一九三一）

戦前のポピュリズム的要素のある小津作品を書き留めておきたい。一般的には「小市民映画」といわれる作品群と同じものである。だが、小津のこの系列は、明らかに山田洋次のポピュリズム的作品につながるものであることを確認ないしは立証したいのである。

小津作品が「キネ旬」のベストテンに入った最初の作品は『お嬢さん』（一九三〇）だが、フィルムが残っていない。『東京の合唱』の第三位が、まずは小津評価のメルクマールとなる。

サイレント作品。時に小津は二七歳。「サラリーマンの生活の、所謂〈根無し草〉というか全く恒産もなければ蓄えもない、目の前の出来事に一喜一憂する不安定さを見据えるという点で定着した作品である」（井上和夫編『小津安二郎全集・上』新書館　二〇〇三）との解説がある。戦後の『晩春』から始まる小津成熟期の作品とは大きく異なる世界である。当時、一九二九年のアメリカ大恐慌から始まり、日本でも一九三一年は「昭和恐慌」「満洲事変」ということで最悪の事態になっていく。そんな現実もあって、映画界では「傾向映画」が多くつくられ、一九三〇年の『何が彼女をそうさせたか』（鈴木重吉）などが代表作とされるが、溝口健二さえ『都会交響楽』（一九二九）で左翼的映画に手を染めた。そんな時代である。だが小津は、階級的視点をもつ作品をつくらなかった。「失業都市東京」と字幕に出る『東京の合唱』は、大学出身でありながらも、不景気で会社をクビになった男が、恩師が開いた小さな洋食屋を手伝うというストーリーである。こんなはずではなかったと抵抗感をもつ主人公が、やがてエリート意識を払拭して懸命に洋食屋で働くことになる。最後に栃木県の学校教師の口が見つかって赴くとの、オチというか「救い」が用意されているところに、小津の安定志向性を見ることができる。ともあれ小市民映画として、小津の立ち位置が下町の中下層であることは明確になった。「小さな洋食屋」の現業職で働く大学出の若者。戦前の小津の基調はここにあるとしてよかろう。

b　『生れてはみたけれど』（一九三二）

翌年の『生れてはみたけれど』で、最初の「キネ旬」ベストワンを獲得する。本作も「小市民映画」といわれるが、『東京の合唱』よりも主人公の生活は安定している。一戸建て住宅を郊外に新築したサラリーマンの喜怒哀楽というか悲哀を、その子どもたちを主人公にしたてて、ユーモアタッチで描いている。この映画は子どもの世界の勢力争いを、小学校の放課後の生活を中心に描いている。子どもの世界は、いつか一つの秩序、強者と弱者をつくりだし、強い子どもが弱い子どもを支配する。

会社の上役の子どもが、小学校では部下の子どもに支配される。同時に、大人社会の社会的格差の現実が描かれる。会社重役（坂本武）は、部下（斎藤達雄）を支配下に置いている。部下は重役のご機嫌とりをしなければ競争社会を生き抜けない。小学生の世界では、会社の部下の子どもが、逆に上司の子どもに対して優位に立っている。結局は、親の世界の上下関係が、子どもの世界の支配被支配の関係に優先し、部下の子どもは悲哀を感じる。しかし親の社会の秩序に縛られてしまう子どもは、厳しい現実に悲哀を味わうものの、子どもの世界は子どもなりの秩序をおのずと保っているのであり、それなりに共存していこうとする。子どもの世界の調和を、小津リアリズムの腰砕けと解釈するか、大人の世界と子どもの世界の関係を階級関係的に見る視点をもたずに妥協していると見るか、しかし、やはりそこには階級関係の反映があると考えるべきなのか。たぶん、小津は生きることの喜怒哀楽の問題として扱っており、階級的な視点をもちこむことを拒否している。その点で小津の社会情勢を見る目は確信的であったと思われる。この視点こそが、小津映画が小市民映画といわれるゆえんであろう。画面のバックに自動車や小さな電車が引っ切りなしに走るのが印象的。

c　『出来ごころ』（一九三三）

翌年が『出来ごころ』。坂本武が扮する主人公の名前をとって「喜八もの」と称されるものの一本だが、本作での登場人物は、下町の貧しい人たちと軒を並べての長屋暮らし。『生れてはみたけれど』よりはるかに貧しい。低所得で下層だということである。その日暮らしの労働者ばかりであり、彼らになにくれとなく面倒をみてくれる飯屋のかあやん（飯田蝶子）も含めて相互扶助的な姿勢がはっきり見てとれる。小津作品中では、社会の底辺近くで生きている人たちに共鳴感をもつ姿勢が最もはっきりしている作品。組織されたプロレタリアートではないが、その日暮らしを余儀なくされている人たちに寄り添っているという意味で、小津映画の一方の極、すなわち生活に何の心配もない階層の人々が織りなす戦後の小津作品の対極に位置する。民衆に共鳴感をもって寄り添うという意味では、日本型ポピュリズム映画の、しかもすぐれた作品になりえた一本であろう。

次郎（大日方傳）は、仕事仲間・喜八（坂本武）の息子（突貫小僧）の病気の入院治療費を稼ぐために、北海道根室の漁場に働きに出向こうと決意する。その日暮らしの喜八たちは、子どもを入院させるなどはとても無理な生活を強いられている。北海道の働き口は、明らかに「蟹工船」的な搾取を前提とした、生命さえも保証されない厳しい労働であることが、映画中の求人広告から推察される。小林多喜二が『蟹工船』を発表して話題になったのは一九二九年であり、次郎はその実態を承知している。次郎の部屋に貼ってある築地小劇場の演劇ポスター『交運の兄妹』が久板栄二郎のプロレタリア演劇であることも、小津は意識している。多喜二が警察で虐殺されたのが一九三三年二月二〇日で、彼の葬儀が三月一五日に築地小劇場でおこなわれたことを小津が知っていたかどうか。『出来ごころ』の撮影がこの年の七月から八月にかけておこなわれていることも、私たちは承知しておかねばならない。次郎は組織された労働者ではないし、「主義者」でもないが、労働者の権利と団結を擁護する築地小劇場の演劇に関心と好意をもっているのは確かである。それに小津が共感していたとも推測してよかろう。ヤット撮影なのだから、このポスターは『出来ごころ』のために、わざわざ小津が貼らせたものと考えてよい。

次郎が喜八の子どものために北海道へ働きに行くのを決心するのは、労働の内容の過酷さやからくりを何もかも理解していて、「蟹工船」的な過酷な労働に自らを投げ込み、喜八の息子の治療費を捻出しようとしたのである。友人にそんなことはさせられない、と喜八は自分の子どものために北海道へ働きに行く一大決心をする。とはいうものの、北海道行きに不安を感じて、喜八が途中で引き返してしまうのがラストである。下層の労働者の楽天性を小津は好意的に受けとめてはいるが、喜八は北海道へ行く船の上から川に飛び込んで逃げ帰り、思いとどまる。その後のことは描かれない。子どもの治療費のことなどどこかへ飛んでしまった。これでは、最も大事な問題は不問に付され、解決しないのであり、腰砕けでご都合主義である。だが、ここで喜劇性が浮かび上がるという小津映画的効果が出ており、それが小津的「小市民性」だともいえる。このことで喜八の息子の治療費がどうにかなる見通しがついたわけではない。この主人公「喜八」は、車寅次郎の原型をなすだろうと佐藤忠男が言っている。

「喜八というのは、小津安二郎がかつて作った一連の庶民映画の主人公の名前である。一九三三年の『出来ごころ』が最初で……五本あり、〈喜八もの〉と呼ばれた。いずれも演じたのは坂本武であり、下町の庶民のおやじさんであることと、ちょっといいかげんで勝手なところもあるが人情はわきまえていて憎めない男であることが共通している。というと『男はつらいよ』の寅さんといっしょということになる……」（『みんなの寅さん』朝日新聞社　一九八八）

人物形象が似ているということをも含めて、一定の説得力があるとしてよいだろう。小津作品で最も無産階級への共鳴感があるとされる作品である。官憲の目をそらすような形で巧みに表現された作品だともされる。だが小津はそれ以上に踏み込まない。小津は時代の雰囲気を感じるという意味でみごとなリアリストである。

d　『母を恋はずや』（一九三四）

「大黒柱の父親が急死し、経済的に没落せざるを得ない母子家庭の生活は、日ごとに厳しくなっていく。やがて母の愛情が不公平であることに気づいた兄は実は亡き父の前妻との間の子だった」（『ぴあ・シネクラブ』）。結果論的に、家族の「没落」を描いたという点で、本作は七年後の『戸田家の兄妹』の原点となった作品であろう。前半での、ブルジョア的家庭の雰囲気と、突然の当主の死、そして没落は、そのまま『戸田家の兄妹』に引き継がれるというか、ほとんど同じである。『戸田家の兄妹』のほうが丁寧に描けているし、メロドラマティックに整理されてもいて、完成度ははるかに高いが。

『母を恋はずや』では、残された財産が意外に少なく、家を立ち退かねばならない。転居である。だが、そこでの母と子ども二人の生活は少しずつ不如意になり、再びもう一つランクが落ちる借家へと引っ越しを余儀なくされる。トラックに家財を積んでの転居風景は、半世紀をはるかに超えた現在と基本的に同じで、トラックのワンカットは二一世紀のいま見てもリアルである。だが転居をくりかえし先細りしても、二人の息子は大学に進学する。金銭問題はいろいろと出てくるが、その詳細はともかく、大学に進学できるのである。「下女」もいる。今日明日の食事にありつけるかどうかといった『出来ごころ』の世界とは雲泥の差である。

e　『東京の宿』（一九三五）

本作も「喜八」もの。坂本武が扮する喜八は、腕のよい旋盤工だが、不景気で解雇される。前年は大凶作で、東北の若い女性が身売りに出されるような風潮があった。「東北六県で五万八一七三人」とある（中村政則編著『昭和時代年表』岩波ジュニア新書　一九八六）。住むところもなく、子ども二人を連れて家も建っていない草むらの傍の道を歩きながら、工場を探しては「雇ってほしい」と就職活動をしているが、どこもかも門前払い。

木賃宿に泊まればメシを抜かねばならず、メシを食えば野宿しなければならない。要するに、定住定職ができないのである。『出来ごころ』では、まだ借家住まいができていた。小津の下町ものでも最も貧しいランクであろう。アメリカ大恐慌期のホーボー（Hobo　アメリカ大不況期の貧しい放浪労働者）を彷彿させる。シナリオ、シーン10「原っぱ」を抜き出しておこう。なんとも荒涼とした感じである。「野良犬が行く。善公（喜八の息子）、犬の方へ走って行き〈こいこい！〉と捕えようとする。そして犬を追って行く。喜八、ぐったりしている正公（喜八の息子）を背負って、善公のあとを追う。電柱に狂犬病予防デーの張り紙」

さて、父子三人が歩いているのに前後して、若い女（岡田嘉子）が子どもを連れて歩いている。どこかで住み込み女中にでもなりたいのだろう。いつか貧しい二組は話し合うようになり、喜八は女に好意を抱く。女の子どもが病気になる。入院費用などあるはずがない。喜八は盗みを働いて女にカネを渡し、自首する。子どもは助かるだろう。

貧しい登場人物を見る小津の目は優しい。主人公に窃盗をさせるのだから、小津作品中最も深刻な状態である。小津はルンペンプロレタリアートに寄り添っている。だが小津はあくまで人情ものとして描いていて、社会的な主張をもっていない点で、『出来ごころ』よりも徹底している。『東京の宿』には、ほとんど社会的な問題意識はない。だが、小津作品中、笑いのない、その徹底した暗さなり展望のなさは特筆しておく必要があるし、このような題材を選んだ小津がいたということは記憶しておかねばならない。『晩春』以後の小津からはとても想像できない世界である。『お茶漬の味』などとは隔絶した世界である。

f 『一人息子』（一九三六）

『東京の宿』の次がトーキー第一作『一人息子』である。一九三六年ベストテン第四位（第四位に私は不満である。第一位が溝口健二不朽の傑作『祇園の姉妹』であるのは仕方がないにしてもである）。市井に生きる人々への優しい眼差しがみごとに描かれている。いかに傑作であるかを、本書におけるポピュリズム的視点をまじえて、少し詳しく考察しておこう。

信州の山里から物語は始まる。東京に出て、もっと大きな志を果たしたいと夢見る、村の小学校教員・大久保先生（笠智衆）。彼は教え子である野々宮良助の母親つね（飯田蝶子）に、息子の良助は成績抜群だから、このまま田舎で埋もれさせてはいけない、「これからは何をするにも学問がなくちゃお話になりませんからなあ」と良助の中学への進学を勧め、「僕も東京へ出てもう少し勉強したいと思ってるんですよ」と、教員をやめて上級の学校に挑戦すると語る。その真剣な説得に、身分不相応と知りながら、息子の良助をエリートにするために、田んぼを売ったりして、旧制中学から大学へと進学させる決心をする。

だが十数年後。東京で息子が出世していると思い込んで上京してきた母は、その現実を見て衝撃を受ける。貧困の中、必死に働き学費を稼いで仕送りしたが、息子・良助（日守新一）は

「出世」できなかった。良助は、貧しい生活に甘んじて下町「砂町あたりの原っぱ」（現在の江東区で、葛飾区柴又よりは都心に近い。小津は深川生まれだから、このあたりの実情には詳しい。小津の父・寅之助の遺体を焼いたのが「砂町火葬場」である）近くの「場末の、路地の侘しき一軒」に、すでに結婚をして子どもまでなして貧乏生活をしている。そんな息子の姿を母親は見せられる。内心、失望する母親。あれほど一生懸命に息子に進学を勧めた大久保先生までが、下積みの生活をしている。だが、失望を正直に口にできるわけがない。息子の良助にはそんな母の心が読める。

住居近くの原っぱの草の上に座って息子が母に弁明するシーンは、この映画の白眉である。ローアングルでカメラは動かない小津の構図。画面から息子の台詞を採録してみよう。「ねえ、おッ母さん、僕、何になると思っていました、がっかりしてるんじゃない？……いやあー、僕だってこんなつもりじゃなかったんですもの。僕は時々、東京なんかに出てこなきゃよかったと思うんですよ。学校出て、こんなことじゃ、おっかさんにもお気の毒ですからね。おっかさんに苦労かけてまで無理に東京の学校なんかくるほどのことはなかったんですよ。……そりゃ僕だって、（出世しようと）そう思ってますよ。でもひょっとすると僕はもう小さな双六《すごろく》の上がりにきてるんですよ。……僕はおっかさんといっしょに田舎でくらしたかったなあ」

「双六の上がりにきている」息子の良助。戦前の東京のはしっこ。荒川沿いなのだろう、荒れ地の真ん中で良助は母親に語りかけるが、この場所を映した映像自体が、良助の現在の立ち位置を、いかなる説明をも必要としないほど明瞭に語っている。シナリオは次のようになっている。「遙かに東京市の塵芥焼却場が見える。雑草が風に靡《なび》いている」。東京であって東京でないという意味がこめられていると見てよかろう。この国の中央である東京だが、辺地のゴミ焼き場の煙を吐く煙突が見えている荒涼たる原っぱを母子が影絵のように歩き、そこに座っての会話である。その悲しいまでに寂しい光景を見ると、映画が映像で語るものであるということを小津はとことん熟知している監督であることも思い知らされる。台詞では語れない、映像の独擅場の世界である。映画がなぜ映画なのかを、三三歳の小津はもはや極めている。しかも一九三〇年代に。日本映画史で忘れられない、いや忘れてはいけない傑出したシーンであり映像である。

良助が懸命に生きてきたことが、好演の日守新一の存在自体でわかるようなところも、小津は計算しぬいて演出し、ローアングルを駆使して撮っている。ローアングルは、人間を上から目線で見ないこと、それは名もない市民のじっと耐え抜いている気持ちの反映であることが、少なくとも戦前の小津映画のありようであることが納得できる。小津のローアングルは、『出来ごころ』、『東京の宿』、『一人息子』における小津の「貧しき人々」を見る視線そのものなのである。

原っぱで親子が話し合った翌日、良助は苦労して借りた二〇円で、母親を連れて一家で東京見物でもと思っていた矢先、近所の顔見知りの子どもが馬に蹴られて大けがをするのに出合う。手術をしなければ治らないが、そのカネが子どもの親にはない。良助はとっさに二〇円を手術代として差し出す。戦後の『東京物語』の急患の子どもへの対応とつながる。そう、この良助の対応こそが互助の気持ちを表現していて、まさに本来の民衆派の神髄なのだと、私は今にして理解する。結局、東京見物はできなかったが、この事件で、母親つねは息子の優しい心根《こころね》を理解する。息子が出世した姿を見られなかったことに未練は残るが、それでもうれしかったのも正直な気持ちである。息子は地域の人たちと貧しい者同士としてつながる心をもっていたのである。向こう三軒両隣の地域共同体である。数年後に軍国主義が頂点に達したとき、この共同体は、底辺で民衆同士が監視し合う支配機構の末端に組み込まれていくが（山田洋次『母べえ』には簡潔に描かれている）、それをこの場で考察する必要はないだろう。母のつねは、淋しさと満足の両方を噛みしめて帰郷する。そして一緒に工場で働く同僚に、「あの子もウンと偉くなってなあ。お陰様でとてもええ嫁がめっかてなあ。おらももうこんで安心だし」と、傷心を隠して、見せかけの矜持を押し出すのだった。いや、息子は出世できなかったが、人間としては上等に育ったことはよかったのだと思う心を、観客は同時に見てとらねばならぬのだろうが。そしてラストショット。シナリオには次のようにある。工場の「閂《かんぬき》が掛った裏門の扉は、頑《かたく》なにおつねの希みを遮っているかの様だ。（F・O）」

本作の冒頭に「人生の悲劇の第一幕は、親子になったことにはじまっている」という芥川龍之介『侏儒の言葉』の箴言《しんげん》が字幕で映される。映画の内容と必ずしもマッチしているとは思えないが、小津の心情とつながっているとの想像はできる。芥川の言葉も、「一人息子」の述懐と似た心情も、数知れず人間社会でくりかえされてきたものである。

『一人息子』は一九三六年の作品である。映画史的には大船撮影所が開所した年であるが、小津は閉所した蒲田撮影所で、彼のトーキー第一作の本作を撮っている。時あたかも二・二六事件が起こった年であり、撮影は事件後の四月から九月に撮影された。そんな社会的事件は映画には反映されていないが、ひしひしと軍国主義の台頭が明確になってきた頃であることは記憶にとどめねばならない。内閣の成立条件に、陸海軍大臣が現役の大将・中将でなければならないとなったこと（軍部大臣現役武官制の復活）などは、日本の政治を軍部が握ったことを意味する。社会主義とか、「万国の労働者、団結せよ」とかの旗をふることなど思いもよらない時代の到来であるが、心ある者は、そんな暗黒の時代に対する拒否の思いを、自らの内面深くに潜ませていたことは確かである。小津が明確な時代の潮流を感じていたかどうかは知るよしもないが、『一人息子』には、名もなき貧しい人たちに心を寄せることで、ますます閉塞した時代になっていくことへの無意識な不安と憂いを小津がもっていたと推量することは許されるだろう。そうでなければ、ラストの「門」のような絶望が描かれる必然性はない。

もう一つ。息子は「夜間学校の先生」になっており、彼が数学の授業をしているシーンが映される。シナリオにはこうある。「黒板に幾何学の説明が書いてある（たとえばシムソンの定理）。やがて一生徒が質問を発する。良助はこれに明快に答える」。生徒は全員が丸坊主で詰め襟の制服を着て、教室全体の雰囲気は厳粛ともいえるような旧制中学風である。良助「わかっているね、これがシムソン線の定理だ」。この教室のシーンを見ると、良助の「双六の上がり」というのが、母親への良助の卑下した態度とはかなり隔たった感じのものであり、良助は「中等教員の検定」に合格していないにしても、彼がこの社会で果たしている役割は確固としたもののように思える。夜の学舎に学ぶ青年たちとの心のつながりを感じとれる。だが若者たちの将来が、彼らが思い浮かべる形で実現する保証はなんらないことをも思わざるをえない。

この年の二・二六事件で決起するエリート将校たちの、民衆への傲慢な思いとは質的に全く違う。良助の思いは、夜間の学校に通わせる貧しい親たちの思いとほとんど同質であろう。良助の凛とした教員姿に、小津はそういう意味をこめていると推量しても不自然ではあるまい。小津がこの「夜学」のショットを撮影したのには、したたかな計算が働いていると思う。小津の視点は、明らかに良助や、彼の住む住宅の貧しくも必死に生きている人たちの側にある。私が小津を民衆の側に立つポピュリズムの視点をもっているとしたいのは、述べてきた『一人息子』についての感性的な感想をもっているからでもある。

ここでは山田洋次が『男はつらいよ　寅次郎かもめ歌』（第二六作　一九八〇）で夜間定時制高校を舞台にし、その延長線の『学校』（一九九三）で夜間中学を描いたことを忘れてはならない、と付け加えておこう。さらに想像をたくましくすれば、『一人息子』における良助の生徒へのまなざしの優しさと必死さは、『寅次郎かもめ歌』の国語教師（松村達雄）が濱口國男の詩「便所掃除」を授業で生徒たちに諭すがごとく朗誦するのに通じる。また『学校』では、西田敏行が大関松三郎「いっちんち　いねはこびで　こしまで　ぐなんぐなんつかれ」（「夕日」）を必死に吟じるのにもつながっているのを付け加えておこう。

『一人息子』シナリオ共作者の池田忠雄の果たしている役割が大きいことも記しておきたい。池田は、『出来ごころ』や『浮草物語』、『父ありき』（一九四二　ベストテン第二位）もシナリオを担当していて、小津が池田に共鳴感をもっていたことを忘れてはならない。市井の人々に対する池田の目線は、『戸田家の兄妹』（一九四一　ベストテン第一位）で少し変わり、資産家の没落の後始末が物語の中心であり、今日や明日の食べるものがないというレベルの問題ではないものに変化している。それでも資産家一家が没落するという大前提には、低い目線もあることを忘れてはならないが。田中眞澄が次のように書いているのを確認しておこう。

「小津安二郎は『一人息子』によって何を表現したか。普遍的な主題とは何か。それはおそらく明治日本の日本人、日本近代の民衆次元に遍在したのであろう階級上昇志向、所謂〈立身出世〉の志であり、それに対する〈期待〉であり、それを保証するところの〈学問〉乃至〈教育〉であり、そして、それにもかかわらず必然的に発生する〈挫折〉とか〈犠牲〉であった。（中略）『一人息子』は東京でない地方と東京との関係を主題とした映画である。地方と東京への水平的な空間移動が垂直的な社会的移動、階級上昇をもたらすという民衆次元の神話とその崩壊が、ここでは描かれる」（『小津安二郎周游』文藝春秋　二〇〇三）

小津芸術は、人間とその思いが「崩壊」によって決着するということ、ただそれだけを描きつづけたものともいえよう。その帰結が墓碑銘の「無」なのである。戦前の小津映画については、このトーキー第一作『一人息子』に収斂されているとの思いもあって、ここで終えておきたい。

3 『東京物語』の位置づけ

戦後一九五三年の『東京物語』に登場する人々の社会的階層が、それ以前の『晩春』等の四作品より低いからこそ、『東京物語』がすぐれているのだ、などといっても説得性はない。だが小津は、直前の『お茶漬の味』のようなアッパーな夫婦を描いても、今までの小津的世界を突き抜けることはできないと感じた、ということは推量の範囲として許容されるだろう。そんなとき、戦前の『一人息子』のような、ロウワーな世界で必死に生きる人々の人間模様を描きたいという思いが出てくるのは自然なのではないか。戦前の自分が描きつづけた世界への思いである。小津のポピュリズムへの一時的な回帰ともいえる。地方から東京へ出てきて、「出世」しなかったが人間としてはまともで、社会にその位置を根づかせている息子を見て、不満足と満足との複雑な思いを抱いて帰郷した老母を描いた『一人息子』に、小津が思いをはせたとしても不自然ではなかろう。戦後の復興が進む中での、新しい家族の姿のあれこれが、小津の脳裏に去来したことであろう。むしろ戦前よりも家族は崩れてきているのではないか。

生活者として生きる、戦後数年を経た日本人の典型的な、あるいは一般的な人間像に焦点を当てた作品があってもよいと、小津が、そして野田高梧が考えたとしてなんら不思議はない。「東京」が主要な舞台になることは、小津たちは早々に想定していたようである。その枠の中で東京に対置するのが、地方としての尾道である。日記にはシナリオの進行状態が、単語だけ並べるような感じで記されている。「山村〈長男〉の職業医者とする」「杉村〈長女〉の職業を美容師に決める」「老夫婦を熱海の温泉にやつたらどうか」といったディテールが発想されてくる。「仕事をやらねばならない　さう思うのだが何もやらな」い日もあったり、『晩春』『麦秋』の復習をしたりしながら、次第に「能率大いによく」なり、競輪ギャンブルの勝負にも勝って、「春風駘蕩」、「東京駅のくだりを上げ」、「能率まことによし」で、「尾道にかか」り、「尾道の終まで書上げ」、「久々によくねる」ような状態で擱筆《かくひつ》となる（『全日記』フィルムアート社　一九九三）。

小津の内面は想像するしかないが、『東京物語』という作品の完成した結果からいえば、戦後の日本の復興を念頭に置きながらも、戦前の「社会の底辺近くで生きている人たちに共鳴感をもった」作品への回帰をどこかで求めている。小津は、この映画の東京での舞台を「山の手」にしようとは毛頭思っていない。これは『東京物語』のポイントの一つだと思われる。そのことで戦前の主な自作へ戻ってみる姿勢がはっきりする。長男は「空き地　そこの片隅に立っている」「場末のこうまい町医者」であり、「見たところあまり豊かそうにも思われない」のであり、長女はシナリオが「戦災を受けて復興した」「東京の場末」と設定した東京下町の零細個人営業の美容院を細々とやっている。だから「二千円や三千円にこだわる」のである。そこへ「招かれざる客」がやってくる。

そういう基本的設定を小津は、一つは『お茶漬の味』のあまりにもアッパーな階層に固執したことへの自身への懐疑、もう一つは戦前の「下町もの」への郷愁をもって、野田高梧とともに練りあげたのではないか。そして結果的に、「下町もの」と「山手もの」がうまく統一止揚され、さらに原節子や杉村春子の名演もプラスされて、これまでにない新しい小津の映画世界が創造されることになった。一九五〇年代の日本映画黄金期を象徴するとともに代表もする作品として提示されてくることになったのである。小津と『東京物語』については、多くの研究者たちによってディテールまで論じられており、二番煎じをする愚を避けたいので、ここは、小津におけるポピュリズムの問題に絞っての走り書き的提示にしておきたい。

第11章　小津安二郎・黒澤明から山田洋次へ

1　黒澤の「動」、小津の「静」

まず、一九五〇年代の日本映画黄金期を支えた大きな柱である小津安二郎と黒澤明についてメモしておきたい。

黒澤明は、社会的な課題をアクティブな姿勢で追求して秀作、問題作を発表しつづけた。『生きる』（一九五二）、『七人の侍』（一九五四）、そして原水爆に対する憎悪を狂気直前のような激しさで告発した隠れた傑作『生きものの記録』（一九五五）、この三作は黒澤のピークであり、そこでは世の中の動きを見つめつつ、ユニークな社会正義や人生的課題を圧倒的動感のドラマとして創りあげ、人々を映画の魅力に誘導した。手に汗握る高揚感もあって、観客は熱い想いでスクリーンに吸い込まれ、そこから自らの生き方の示唆を得たり、社会のあり方を考えもした。「強い自我を持った日本国民というものをどうやって形成するかという、黒澤さんの個性と照応する問題意識があって」のことだという嶋田豊の感想は当を得たものといってよい（『山田洋次の映画』シネ・フロント社　一九九三）。実は、黒澤映画は、『素晴らしき日曜日』（一九四七）、『醜聞』（一九五〇）、『生きる』（一九五二）、『生きものの記録』（一九五六）、『天国と地獄』（一九六三）をはじめ、遺作『まあだだよ』（一九九三）まで、「家族」というもう一つのテーマを、裏側に兼ね持っていることも忘れてはならないのだが、ここではそれ以上には触れない。『羅生門』（一九五〇）以降、「世界のクロサワ」の道を歩みはじめ、ジョージ・ルーカス、スティーヴン・スピルバーグその他、黒澤を師と仰ぐ映画人が続出し、アメリカ映画の質量を変えていく原動力にもなった。そのことはアメリカ映画の大作主義とか荒唐無稽なヒーロー映画を多く生む道を開き、アメリカ映画からリアリズムを剝奪して、その芽を摘む結果につながったことも指摘しておかねばならないのだが。

他方、小津安二郎は、ローアングルとカメラの据え置きでの撮影、すなわち小津様式である。物語展開はスローで、正邪善悪には言及せず、社会性を帯びた題材には関心を示さないことを貫いた。アッパー・ミドルにおける「家」と「家族」の解体と消滅を描くことが底流にあり、そのディテールを「静」の構えで見つめるのをもっぱらとした。価値観を絶対化しないことも小津の特長であり、黒澤とは好対照である。「もう戦争はごめんだね」とあると、同時に戦地での戦友とのあれこれを「楽しかったですなァ、シンガポール」（『お茶漬の味』一九五二）との台詞を添えて、戦争への態度を相対化する。そして実生活での小津は、「総選挙投票の日　例により棄権する」（一九五五年二月二七日）などと日記に記して、激動する戦後社会にほとんど無関心であった。一歩引いたところで事物を、さらにいえば人間そのものを観照する態度を崩さなかった。黒澤とは対照的である。

一九六〇年、すなわち日米安保条約改定時の、いわゆる「六〇年安保闘争」の頃、映画作家として社会に向かい合う黒澤と小津の姿勢には大きな差があった。黒澤は『悪い奴ほどよく眠る』（一九六〇）で、中間管理職が上役の罪をもみ消すために自殺に追い込まれたのを、その息子（三船敏郎）が、上役やバックで暗躍する要人の懐に入り込んで徹底的に復讐をする、しかし壮絶な敗北に終わるという社会派ドラマをつくった。この作品は政治性を帯びた社会悪を見逃すことができない黒澤の正義感が過剰気味に描かれた感があり、いささかリアリティーを欠き、傑作とは言いがたいが、社会的不正義に向き合う黒澤の姿勢は毅然としている。

同じ年、小津は『秋日和』をつくるが、『晩春』（一九四九）のリメイク的な内容で、エリートサラリーマンの旧友数人が「高級猥談」とでもいえる安穏を楽しみつつ、子どもの縁談の話をくりかえすといったものであった。人間の流転輪廻への思いはあるが、激動する世の中に向き合う意欲や姿勢を見出すことはできない。この年の六月一五日は、安保改定阻止の実力行使派学生と、民主主義擁護を願う労働者・市民による、全国で史上未曾有の五八〇万人が参加しての政治デモがおこなわれた。実力阻止派と民主主義擁護派は、非常事態の中で暗黙の連帯があった。国会を包囲する学生中心の行動では、国会内で過激派の一女子学生が警官隊に圧殺されたが、権力側の暴挙には組織や党派の枠を越えて悲憤慷慨が広がった。デモに参加しない国民・市民は「声なき声」として、学生たちの必死の行動に連帯したといってよい。

一九五〇年代、黒澤と並んで、反戦と社会風刺の眼で日本社会を鋭く凝視しつづけたもう一人の巨匠・木下惠介も、その五八〇万人の一人であった。「長野で『笛吹川』のロケをしたのは、六〇年安保反対闘争のまっただ中だった。いま自分の意思表示をしておかなければ、将来にわたってものをいう資格がなくなる――僕はそう考えて、出演者の高峰秀子さんと（田村）高広を誘って、長野市の集会に参加した。三人はデモの先頭を行進した」（『とっておき十話』新日本出版社　一九八五）。『笛吹川』は戦国時代を舞台に反戦・厭戦を描いたものである。

この時期、小津は都内で『秋日和』スタッフとロケハンをしているが、激動の一五日は、新橋から谷中、向島などを回って上野の「蓬萊屋《ほうらい》」で食事をして帰宅。日記には、国会やデモのことは一切記述がない。一八日には、ロケハン中「宮城前でデモに会ひ車とめられる」との記述がある。むしろ迷惑をこうむるという感じで、小津の安保闘争に対する正直な対応であり、この政治の季節を小津は無視していたと推測される（黒澤は六月一五日前後、『悪い奴ほどよく眠る』の阿蘇山周辺ロケをしているが、木下的な言動はない）。この時期の小津映画には高揚感がない。社会的地位と生活に一定の満足感のある大人は小津映画を支持したと思われるが、生活のため、生きるために必死に動き働き、将来、この国がまた戦争への道を歩むのではないかと切実に心配する人々、とりわけ若い映画ファンには、小津の後ろ向きな姿勢はがまんならなかった。

『東京物語』（一九五三）だけは、消滅していく家族の悲愁が漂い、深い意味で社会的といえる問題提起もあるように思えるが、『早春』（一九五六）の描くサラリーマン像にはリアリティのない陳腐さが感じられたし、カラーを導入した『彼岸花』（一九五八）は「キネ旬」第三位にランクインされてはいるものの、この作品も含めて以降、社会の動きを反映したものを期待する映画ファンの間では、小津はその存在意義を希薄にした。ポーリッシュ・リアリズム（『灰とダイヤモンド』など）やフランス・ヌーヴェルヴァーグ（『いとこ同志』『勝手にしやがれ』など）が入ってきて、「キネ旬」のベストテンの過半を占めた一九五九年以後は、もう小津は完全に過去の人になった。

2　社会的ドラマから家族映画へ

一九六〇年前後、学生運動には参加しないが反体制的思考傾向のある学生は、社会変革というテーマをぼんやりと思い描いていたと思われる。現実的な裏づけなしに、日本政治の動向への反発から、反権力への憧れの気分があった。マルクス、レーニン、毛沢東の文庫本を密かに読む学生は多かったはずである。ドラスティックな社会変革を期待する情緒的な気分があった。一九六〇年以降はそれはしぼみがちになる傾向はあったが、年表を眺めてみると、たとえば一九六四年には、「新幹線開業」「東京オリンピック」等々、高度成長へと進む様子がはっきり見えるものの、安保闘争を経験した若い者の関心は「トンキン湾事件」以来、ベトナム戦争に向かいつつあった。次の年にアメリカが「北ベトナム爆撃（北爆）」をおこない、ホー・チ・ミンが迎え撃ち、「南ベトナム民族解放戦線」が果敢に戦い、われわれの国にも「ベトナムに平和を！　市民文化団体連合（べ平連）」が結成されて、反戦運動の機運が高まり、「ベトコンがんばれ」との気分があって、兵役拒否米兵をかくまう運動などへの関心と共感が広まった。

そういった気分の中にいる若者にとって、「家」とか「家族」は、自らの自己実現を阻む否定的なものとして立ちはだかるとの意識が生まれるのは必然であった。「反封建」という課題であり、若者は誰もが、多少にかかわらず「家」との確執もあって田舎の家を飛び出し、激動する時代を生きることを望むのだから、そんな雰囲気の時代に、さらに小津について言葉を重ねるならば、『彼岸花』の次の『お早よう』（一九五九）で「オハヨウ、コンバンハ、イイオテンキデスネ……、案外余計なことじゃないいんじゃないかな。それ言わなかったら、世の中、味も素っ気もなくなっちゃうんじゃないですかね」などと真正面から主張するのを観ると、時代錯誤もはなはだしいと思うのだった。アンシャン・レジーム（旧体制）を象徴的に表している ものとしてさらなる反発を買った。黒澤が戦後期の復興から高度成長期にさしかかるこの国で、未来を切り開く力感をもつものとして圧倒的に支持されたのは、ある種の必然であった。

だが時を経て、高度成長期が幕を閉じる時期がやってきて、ベルリンの壁が撤去され（一九八九)、東西両ドイツが国家統一し(一九九〇)、ソ連共産党が解散しソ連邦が消滅する(一九九一)ことで世界の冷戦構造が基本的には終焉する中で、黒澤のアグレッシブな(積極的とも攻撃的ともいえる)映画観なり世界観は、歴史的意味を終えてしまった感なきにしもあらずになった。そういった時代の地殻変動的な推移の中で少しずつ見直されてきたのが、「家族」を描きつづけた小津映画ではなかったか。すでに遠い日に亡き人になった小津の再評価である。

小津没後四〇年の二〇〇三年、新しい世紀になり、高度成長の果てに世界の「家族」は不可逆的に解体の方向に向かっていった。「反封建」という課題は、問題を抱えながらも基本的には達成された。気がつくと一八歳になった若者の過半は郷里をあとにして大都会に出て、地方にはちらほら残っているだけになっていた。田舎には団塊の世代以上の高齢者が残されて、高度成長期に三世代用にと建てられた団地は、老親の死後、廃屋として荒れるに任された。親やその親と離れて就職や進学で都会へ出たきり、子どもたちは郷里には帰らず、アパートに独り住まいをし、やがて小さなマンションに少人数の家族をもつことになっていった。彼らも老いを迎え、郷里に帰ることをしないで孤独に果てた。大都市では、隣の部屋の住人が死んでテレビがつけっぱなしでも、異臭がただようまで誰も気づかない。その遺骨を引き取る者がいない時代になり、「無縁社会」といった言葉が人々の共感を誘うことになった。

黒澤は一九六五年の『赤ひげ』で、社会に向かって問題提供する姿勢にひと区切りをつけた。その後は大作づくりには挑戦したが、現実社会にストレートに向かい合う姿勢はなくなっていた。二一世紀になり、「反資本主義」の闘争は、労働者が階級としての意識と実態を欠くようになったことで、見えるものとしては存在しないに近い状態になってしまった。同時進行で、日本ばかりでなく世界的な風潮として、「家」と「家族」の見直しが始まったといってよい。家族（制度）は、若者を拘束したり、人間性を縛りつけるマイナスの価値観であると呼号するテーマではなくなった。映画の世界においても、時代が、変革から守旧へと移っていった。その嚆矢の一つとなったのが、小津の「家族映画」の再発見と再評価だったのではないか。

小津の戦後作品は大まかにいえば、『麦秋』『東京物語』に代表されるように、家族が崩壊なり解体するテーマである。封建的な家長や家族制度と闘うまでもなく、若い者は老い、やがて消えていく。そしてまた若き者らが生まれてくる。それは「家族」そのものの生と死の問題であり、永遠にくりかえされる。そういうテーマこそが日本ばかりでなく、世界的な関心の趨勢《すうせい》になっていったように思われる。欧米、アジア、中東、中南米など世界同時進行である。そこには「見える敵」などは存在しない。わが内なる葛藤、自己実現の課題、そして自分と家族の高齢化による崩壊と個人の死という問題に収斂されていく。さらに敷衍していえば、崩壊した家族の新たなる再生というテーマにもつながる。そのくりかえしが人間の歴史である。映画の題材もそこに流れ込む傾向が出てきた。価値観が多様化する中で、正邪善悪の小津的態度保留は、時代の先取りだったのかもしれない。

英国映画協会（ＢＦＩ）が発行する映画専門誌 *Sight & Sound*（サイト・アンド・サウンド）は、

一〇年に一度、世界の映画関係者の投票によって、映画史最高の一〇作品を選定している。今では世界的な権威としてこのベストテンは確立した感がある。監督選定と批評家選定との二つがあるが、次のような結果が出ている。

＊一九八二年　批評家の部　第三位『七人の侍』
＊一九九二年　批評家の部　第三位『東京物語』　監督の部　第一〇位『七人の侍』『羅生門』
＊二〇〇二年　批評家の部　第三位『東京物語』　監督の部　第九位『七人の侍』『羅生門』
＊二〇一二年　批評家の部　第三位『東京物語』　監督の部　第一位『東京物語』

二〇世紀において日本映画が世界的に評価されたのは黒澤明であり、その先頭を切ったのが『七人の侍』である。小津の『東京物語』はそれに続くが、まだ黒澤を超えていない。だが二一世紀になってからは、『東京物語』が圧倒的な存在感で世界映画史に位置づけられた。二〇二二年秋の発表ではどうなるのか。『東京物語』がどのような評価を得るか。とはいえ黒澤の鋭い動感的作品が、二一世紀の五分の一を過ぎた時点で、小津を超えることはないのではないか。激動する社会を描くよりも、「家族」の小さな「個」の世界を描いたものが、今を生きる世界の人々の目に優位に映るのではないか。『ドライブ・マイ・カー』（濱口竜介　二〇二一）も、「夫婦」や「親子」であって、家と家族につながるものが「国際連帯」という視野をもって描かれた秀作である。黒澤にではなく小津に近い。というよりも、この映画でハングルなども出てきて視野を広げているように、小津の問題意識をメインとしながらも、それを黒澤と合体させるようなものが、無意識のうちに映画人に育ってきているのではないかとも思う。同じくアカデミー国際長編映画賞をとった韓国の『パラサイト　半地下の家族』（ポン・ジュノ　二〇一九）もまた題名のとおり、ダイナミックな視点をもちながらも、描かれる中心は家族であった。

二一世紀は、小津の提起した「家」と「家族」を、世界的、いや地球的な人類の連帯と存亡を賭けて映画がどう描くか、小津を引き継ぎ、この問題をいかに切り開き越えていくかが最大の課題となるのではないか。その意味では、小津の存在は、この国の問題であることを越えて限りなく大きい。

3　ある種の方向転換

唐突であるが、たとえば思想的・政治的に小津とは逆、いや無縁なところに位置する山本薩夫について考えてみたい衝動に駆られる。山本は、黒澤明の脚本で国策映画『翼の凱歌』（一九四二）を演出したりして、戦争に協力した悔恨があった。戦後、反戦平和を旗印に、この国の民主化を求めて果敢に闘う人々を描いてきた独立プロ系映画の第一人者である。今井正とともに、山本の果たした役割は大きい。山本は、『暴力の街』（一九五〇）、『真空地帯』（一九五二）、

『太陽のない街』（一九五四）、『武器なき斗い』（一九六〇）、『松川事件』（一九六一）など、自由と民主主義の確立を求めて主に労働者（階級）の闘いをストレートに描く力作を発表してきた。反資本主義というテーマが生きていた。だが、階級の実態と概念が次第に社会的に成立しにくくなってきて、高度成長期が終焉を迎える中で、「資本家（支配層）」はほぼ明確であっても、「労働者」「プロレタリアート」の実態なり意識が不明確になっていった。労働組合の弱体化に比例して、あまねく「市民階層」になってしまった。したがって、資本家と労働者階級の「非和解的存在」としての対峙が、高度成長期を過ぎて以後は見えにくくなっていき、映画としても描きようがない、あるいは描く社会的実態そのものがなくなっていった。

山本は、中国大陸に向かって日本の軍国主義と財閥が侵攻していく姿を、それに抗する市民や労働者の闘いも含めてダイナミックに描いた大作『戦争と人間』（一九七〇～七三）等を発表するが、石川達三原作の『傷だらけの山河』（一九六四）あたりから、ある種の方向転換が模索される。具体的には、時系列的には乱れるが、同じく石川の『金環蝕』（一九七五）や山崎豊子の『白い巨塔』（一九六六）、『華麗なる一族』（一九七四）、『不毛地帯』（一九七六）など、資本主義下の支配側の実態をえぐり、その内部矛盾を弾劾《だんがい》するものが成功作品となる。ダイナミックな演出には胸が高鳴る快作の連続である。山本はＰＣＬ（東宝の前身）時代に成瀬巳喜男のチーフ助監督を務め、その中には『妻よ薔薇のやうに』（一九三五）のような情感あふれる傑作もあって、そこからも学んでいることが、山本の非プロレタリア映画を撮るのに役立ったことも記憶しておかねばならないだろう。だが、そこでは労働者は活写できず、労働運動は描かれなかった。資本対労働を階級の視点で描く条件がなくなった時代の到来を、奇しくも告げているようにも見える。

山本は節を曲げたのではなく、自らの党派性を明確にしてはいるものの、敗戦後にめざしたような、労働者階級こそが真に民主的な社会の主人公であるとの基本線が、未消化のままに、しかし映画的ダイナミズムにあふれる映像になっていった。資本主義の不毛を描いただけでは社会は変わらない。山本自身は「企業のなかで映画をつくるということになると、自分でやりたい作品は、あまり撮らせてくれない」（『私の映画人生』新日本出版社　一九八四）と言っている。山本の志を継ぐ社会的条件がほぼなくなる状態で、二一世紀の五分の一がすでに過ぎた。山本を転向者とは誰もいわない。「私は大衆に服務した映画を作っているつもりなのであって、迎合しているつもりは全くありません」と語ったと白井佳夫が記録している（『黒白映像　日本映画礼讃』）。観念的な反体制映画は可能であろうが、少なくとも、支配層に対する労働者の真正面からの闘いを描くプロレタリア映画は姿を消さざるをえなくなったのである。

4　市民社会の成熟をめざすということ

さらなる脱線を。二〇一九年に同人誌『シネマ游人』第七号の匿名コラムに、私は一文を寄せた。

ある歴史学者が、『武士の一分』のキムタク演じる武士には二面性があると言っている。ひとつは、大名の食事の毒味をして生活の糧（禄）を得る支配の側に身を置く面。他は、身分を問わず百姓の子供にも剣術を教えたいという被支配の側の発想。両方に足場を置くという。▼まるで山田洋次がみずからの思想と映画資本の間で均衡をとり、いつか自然体になっているのと似る。いや、それが言いたいのではない。どうも現在の近世史研究では、江戸時代は戦争のない平和な時代であり、被支配の側の「農・工・商」が権力奪取をして、「大名・武士」の支配体制転覆を謀《はか》る反体制運動はなかったとの説が主流らしい。「農工商」は「士分」に成り上がりたいとは考えたが、支配階級を打倒する、すなわち革命という発想はなかった。転覆を未然に防ぐために大名は善政を行い農工商の支持を得る努力をした。善政は当時、仁政と言われ、「農工商」の小経営が成り立ち、「無事」の日々をおくれるようにすることだったと言う。「名君」志向である。▼他方、農民は大名が失政をして「国替《くにがえ》」にでもなって、その後に悪玉大名がやってきては困る。だから、せっせと年貢を納め、過酷な政治を未然に防ごうとした。つまり支配と被支配は、持ちつ持たれつの互助的関係にあった。百姓一揆は多発したが、年貢軽減が獲得目標であり、打倒大名ではなかった。百姓一揆はせいぜいが「鎌」を持ち、武器とは無縁であった。のらりくらりの平和が江戸時代の特色だという。▼いまこの国は七四年目の戦争のない年月が続いている。ほとんどが悪政だと認識しているが、戦争よりは「よりまし」とも見ている。「九条を守る」なら悪政はある程度黙認しようというのは、江戸時代の「平和論」とつながる。▼去年劇場で見た新作でよかったものに『マルクス・エンゲルス』がある。いまこそブルジョア支配を打倒すべく「ユニオン、プロレタリアート！」と言いきる二人の革命家を映画は支持している。ところが映画の脚本や監督はコミュニストでも革命家でもない。中南米ハイチ出身の黒人で、現在はフランス国立映画学校校長のラウル・ペックである。良心的で社会主義的発想をする知識人。▼世界史的に無産者階級が成立しなくなり、革命は不可能。市民が団結し富の偏在を緩和すべく立ち上がらねばならない。在るか無きかの財産しか持たない九九％の市民層には、革命よりも、もっと正当な分け前を要求する民衆運動こそが大事なのだ。それを組織できれば二一世紀は画期的なものになる。できなければ極右的ポピュリズムが横行するだろう。▼悪政と悪徳支配者を打破し、主権者を代表する「名君」を作り出すのは、われらシチズンに課せられた任務である。この国にも民衆に寄り添う大塩平八郎や平塚らいてう等、すなわち革命や前衛党の視点だけではなく、実践的リベラルを中核としての世直し勢力の結成が必要なのではないか。映画もそんな視点を持たねばならないのだ。

百姓一揆がすべて「鎌」以上のものをもたなかったとは思えないし、支配者に「のらりくらり」の非暴力だけで要求が貫徹されたとは想像できない。ラジカルな対決での惨憺たる敗北もあったに違いない。重い罪科も科せられただろう。考えてみれば「主権者を代表する名君」の存在というのも矛盾である。だが、主旨はなんとなく理解できるように思う。

『武士の一分』についていえば、山田洋次は、松竹発行の劇場用パンフレット（二〇〇六）で次のように書いている。「天下太平と称された江戸時代の平和は、徳川幕府の圧政によるものではあったが、反面、二七〇年の平和な停滞はこの国の文化に独特な特徴を与えることになります。幕末に大勢の欧米の知識人たちが日本を訪れ、数多くの見聞録を残しました。それらの書物には日本人は穏やかで謙虚で礼儀正しく、その暮らしぶりは貧しくとも清潔であり、農村の風景の美しさにいたっては、ユートピアを見るようだとさえ語られています」。

山田は、『武士の一分』撮影中、アーサー・ビナードと対談しており、そこでは、次のように語っている。「渡辺京二さんという人が書いた『逝きし世の面影』が文庫本になりましたが、とても面白い本でした。幕末の日本にはヨーロッパやアメリカからたくさん人が訪れて、その人たちが日本についての旅行記、見聞録を書き残している。その記録を通して、外国人たちが幕末の日本をどう思ったかについて記述している。〈日本はいい国だ、まず、風景が美しい。農村なんかはほとんどユートピアである〉。また、〈人柄が良い。穏やかで、善良で、礼儀正しい。さらにチップは絶対に取らない〉（笑）」（『山田洋次の原風景』紀伊國屋書店　二〇〇六）

トロイア遺跡の発掘で知られるハインリッヒ・シュリーマンも、幕末に短期間だが日本を訪れたときの旅行記に、日本は「平和」で、人々に「満足感」が行きわたっており、「豊かさ」と「秩序」があると記している。また、「身分の上下を問わず、食事の度に喫茶行為を行う日本の近世社会では、規範（茶礼）に則った喫茶行為である茶の湯・茶道は、文字通り、日常的な行為を一様式に仕立てた生活芸術であり、広範な生活文化の基盤の上にあった」（深谷克己『江戸時代』岩波ジュニア新書　二〇〇〇）とする史家もいるが、生活文化の等質化が、「身分の上下を問わず」に広がり深まったことは、社会の文化的な質にまで目配りがされていたということなのだろう。一九世紀中葉の日本の「平和」が、二一世紀のこの国の平和や文化の質や市民の幸福を保障するものではないのは当然であるが、既成の進歩的ないしは階級的歴史観だけでは、激動する時代を理解し乗り越えていくことができないことも出てきている。

最近手にした日本近世史研究分野の雑誌で、次のような叙述に接した。右のコラムの拙文につながるので、映画論とはずれるが、現代日本についての考察の部分を引用する。曰く、「高度経済成長を過ぎた後の」一九八〇年代以降は、徹底した社会改革をめざすことは現実的には不可能となり、歴史研究の課題は、「ドラスティックな革命ではなく、さまざまな人たちの合意を形成する努力をおしまない市民社会の成熟を目指すべきである」（大橋幸泰「近世日本の民衆史研究」『民衆史研究』第一〇二号　民衆史研究会二〇二二）となっていき、そんな方向が、研究者の多数派になっていったとしている。

気温上昇の抑制や感染症など、地球的環境対策をも含めて、国際社会の平和に貢献しつつ、格差のない社会の育成と主権在民の徹底が目標となるわけで、「さまざまな人たちの合意」の内容こそが問題となろう。本書では、山本薩夫の政治的な志を共有したであろう家城巳代治の系譜もふまえて民主的なポピュリズムを論じてきたが、家城は、市井に生きる人々の喜怒哀楽を共感をもって描き、最終的には働く人々が中軸となる社会を展望しつつも、「階級」では表せない民主的主権者のありようを追究する志をもつに至ったのだと推測したい。あるいは資本主義をベースにした民主制なのか、新しい社会主義への期待につながるものになるのかは「民の力」が試されての結果ということになる。二一世紀からの民主的主権者の広範な成熟の度合いで決定されるだろう。その意味では、家城にはある種の時代の先読みがあったのかもしれない。前期山本薩夫のようなプロレタリア映画では、高度成長期に入っていく社会において、広範な市民をつなげる役割をもつことは難しいと、家城は早い時点である種の予感をもったといえよう。山本の否定ではなく、ある種の迂回の必要性を、家城はその繊細な思索と感性の中でもつに至ったとの仮説を提起しておこう。

そして、松竹の山田洋次である。小津の松竹、家城巳代治も身を置いたことのある松竹。六〇年安保闘争の次の年に、ひっそりと小さな作品でデビューした山田は、難しい時代を迎えようとしているこの国で、どのような映画をつくろうとしたのか。自らの映画作家としての道をどのように切り開いたらよいと考えたのか。それについては本書で、曲がりなりにもほぼ論じたとしておきたい。

5　小津安二郎から山田洋次へ

山田洋次が小津映画について語っていることは多いが、その一つに次のようなものがある。

「独特のカメラポジションとか、パンがないとか、移動がないとかいろいろあるけど、要するに何ていうか、激しい感情の表現がまるでないってことですね。……それから大事件が起きない。……ほんのちょっとした波風、小津さんにいわせればドラマではなくってアヤだっていうんだけど、まさしく人生のアヤだけで映画をつくっている。……たんたんたる人の暮らしのちょっとしたエピソードを捉えて、人間全体を描こうとしているのかな。人生、社会までそこに浮かび出てくるっていうか。そこのところが小津さんの映画の偉大さじゃないでしょうか。小津さんの視点はピシッと決まっていて、とても細い穴のようなところから人間を見るんだけど、実は微細なくらしのアヤを描きつつ、全体がそこに出てくる。そこに映画を見る歓びを観客は感じるようになる。……『タイタニック』（一九九七）のように巨大な船が傾いて沈没する、乗客はどうやって死んでいくか、それを全部写しちゃうみたいなことで喜んでるっていうのは、ぼくはある意味で映画の衰弱だと思います。おそらく小津さんは、あの映画を見たら笑い出すんじゃないでしょうか。あれで人間が何もかも描けたと思うのは間違いだと思いますよ。……『タイタニック』が人生や社会をちゃんと描けてるかというと描けてないと思う。小津さんは細部を描きながら全体を描くことができた希有の人なんでしょうね」（小津安二郎生誕100年記念 三重映画フェスティバル2003実行委員会編『巨匠たちの風景』伊勢文化舎 二〇〇二）

「ぼくが若い頃は、小津安二郎なんて全然問題にならないと思っていましたでしょう。あんな古臭い監督って。なんたって黒澤明でなきゃいけないと思って」おり、「映画の楽しさの神髄みたいなものが、まさにこの『七人の侍』にある」（『対話 山田洋次 2 映画は面白いか』旬報社 一九九九）と感じていた映画青年・山田の行きついたのが、このようなところであるのに驚く。だが同時に、山田映画が、明らかに黒澤ではなく小津に向かって歩を進めていったことが理解できる。山田が「家族」にテーマを絞り込んでいったことが、納得がいくというものである。だが小津と山田の違いは、小津が「家族の解体」を描くことに傾斜していくのに対して、山田が「家族の再生」に意識的に取り組んでいったことにあるのではないか。山田の場合は、二〇世紀の黒澤から、二一世紀の小津へ移っていったという世界的趨勢の中に位置づけるのはいささか早計だと思うが、ともあれ、小津映画が少しずつ山田の映画観を変えていったことは確かである。

山田が小津を追いかけ追い越す云々といった安易な理解はすべきでない。小津は瓦解する家族を冷静に見つめたが、それにいかに対処すべきかについては描こうとしなかった。対するに山田は、家族が崩壊する必然を受けとめつつも、次なる家族が、一歩前進して生成すると信じる姿勢を明確にしている。

『東京物語』のリメイクともいえる山田の『東京家族』（二〇一三）では、妻に先立たれて田舎に取り残された老人（橋爪功）が、広島の離島の地域共同体に支えられて一人で老いを生きようとすることで、再生への願いをこめる描き方がされた。その地域共同体を象徴するのは、老人を手助けする少女である。地域と少女の存在にリアリティがあるのかないのかは二の次である。山田は、そこに希望をこめるのである。小津『東京物語』のラストは「一人になると急に日が永うなりますわい」であって、他者と断絶することを宿命と感じとって受容している。「死んでも死んでも、あとからせんぐりせんぐり生れてくるわ」（『小早川家の秋』一九六一）という思いはあるにしても、「死」は「生」を圧倒しているとしか思えない。瓦解と終焉のほうに力点がかかる諦念《ていねん》的な小津安二郎に対して、山田洋次は老人をサポートする少女を配することで「せんぐりせんぐり生れてくる」に願いをこめようとする。小津は認識者であるが、山田は求道的であるともいえよう。老いは去るが新しきが生まれる。山田の『東京家族』は小津の『東京物語』を超えることができないといった、映画の完成度の問題はひとまず横に置くとしても、近年の三世代同居を描いた山田の『家族はつらいよ』シリーズ（二〇一六〜一八）では、必然的に地域とのつながりが見えにくくなってしまった時代の、次なる家族のあり方を模索しているようにも見える。『キネマの神様』（二〇二一）では、家族は家族として生き抜かねばという思いは明確であると思う。小津にはなかった視点である。コロナ禍以後という社会的問題意識もほの見える。

だが、「地域共同体」とか「向こう三軒両隣」などという実態は、なくなりつつあるのが現実であるのも確かだろう。上野千鶴子などは、それを必然の流れとして肯定的に捉えようとする。「あれよあれよと〈おひとりさま〉人口がふえました。……なぜって？　その方が親も幸せ子も幸せ、ということを、お互いに学んだからです。……ひとり暮らしがいちばん幸せ……満足のいく老後の姿を追いかけたら、結論は、なんと独居に行き着いたのです。……独居は孤立、同居は安心、という思いこみにも、大きな落とし穴がある」（『在宅ひとり死のススメ』文春新書　二〇二一）

山田洋次は『おとうと』（二〇一〇）で、まるで戦前のセツルメントのような小さな医療活動集団を描き、東日本大震災以後では、述べてきたような近隣とのつながりやら、三世代家族の蘇りに希望を見ようとしているようにも思える。「おひとりさま」の生と死が真に家族なり人間にとっての「幸せ」なのだという流れに対して、どこかで異議申し立てをしているように思える。

山田洋次は、瀬戸内海で石を船で運ぶのを業とする夫婦（井川比佐志と倍賞千恵子）を『故郷』（一九七二）で描いた。だが悲しいかな、大きな資本が石運搬の仕事を奪っていく。最後の仕事で航海する日、夫が妻に向かってつぶやく。「時代の流れじゃとか大きいもんには勝てんとか、ほいじゃがそりゃ何のことかいの、大きいもんとは何を指すんかいの。なんでわしらは大きいもんにゃ勝てんのかいの。……わしはこの石船の仕事をわしとお前で、わしの好きな海で、この仕事を続けてやれんのかいの」。「大きい物」によって、小さい物が駆逐され排除されていく。夫婦は、これから「わしとお前」ではない「大きな」会社の労働者となって、厳しい労働に耐えねばならない。山田は搾取とか収奪などとは言わずに、資本制のからくりを言い当て、それを素朴な民衆の言葉で告発する。石運びの労働を丁寧に描きながら、海の美しさも含めて情感に満ちたシーンをつくりあげ、難解な言葉など使わずに、資本主義のからくりをあぶり出してみせる。『息子』（一九九一）、『たそがれ清兵衛』（二〇〇二）、『小さいおうち』（二〇一四）などとともに、非『男はつらいよ』作品群中の傑作である。

右に挙げた山田の四作品に共通するのは、核になるのが「家族」であり、夫婦、親子、兄弟の小さな物語であることである。そこだけに絞れば、小津の描く「家族」と同じ。そして家族を見る眼という意味では、戦前の小津が「小市民」に寄り添って、健気に働く人々の姿を暖かく見守ったのと同じように、山田もまた「貧しい人間」「大衆の側」に立っての映画づくりに専念している。だが、小津の緻密な計算に基づいた画面づくりや、小さな物語の奥にある人間と人生の深さを描き切るという点では、山田は小津の深さにまだ到達できていない。九〇歳になった山田は、「今頃になって、小津さんが、面白くてなりません。ちょっと気がつくのが遅かったなァという感じ」（私信）と言っている。

山田洋次は九〇本もの映画づくりの中で、小津の「家族」映画と、黒澤明の「世の中の動きを見つめつつ、ユニークな社会正義や人生的課題を圧倒的動感のドラマ」にする映画の合体を試みたのだと思いたい。小津の映画観、人生観を引き継ぎ、同時に黒澤的問題意識も加味して、新しい質の映画を精力的につくったのだ。山田の思いは、「民衆の生活を誠実に暖かく描」きつづけることであった。山田のその思いは、本書で述べてきた意味での「ポピュリズム」の徒であろうとすることなのだと私は考えるのである。

二一世紀も四半世紀に達することになるが、世界は、コロナ以後「地球」という土語を使って、その有り様や行く先を考える時代になった。人類は抱えきれないほどの課題を前にして、危機的状況を脱し、未来を切り開いていかねばならない。われら市井に生きる無名者は、その日その日を無事息災に過ごし、家族や、自分を取り巻く近隣や地域とともに、国家、さらには国際社会と折り合って生きていかねばならない。そんな時代に、映画がどれほどの意味をもつのか。芸術や芸能の役割や力が何ほどのものかと思わないでもない。だが、世界規模を超えて人類全体、地球の問題・課題が山積する中で、だからこそ、芸術、芸能に連なる映画のありようが問われ、考え直さねばならないのだろう。山田がよく引き合いに出す柳田國男の言葉を書き留めておこう。「人を楽しませるものが芸術だといふことを、思ひ出さずには居られない時世になりました」（「病める俳人への手紙」『定本　柳田國男集　第九巻』筑摩書房　一九六二）

付論　『東京物語』と競輪
──『全日記　小津安二郎』に見る

1　小津日記再読

菊判八〇〇ページ余の大部な『全日記　小津安二郎』（田中眞澄編纂　フィルムアート社　一九九三）をひもとく。その日の主な行動と場所、会った人物、飲食のメモ的なものが圧倒的に多く、短い所感はあるが、あまり好悪清濁的な記述はなく、思索的部分もほとんどない。それでも小津の強烈な個性が浮かび上がってくる。小津に関心のある者には興味深い。三〇年分くらいの記録であるが、年単位の欠落もある。

その中で一九五三年のある時期、突然集中的に「競輪」についての記述が出てくる。「競輪」は、競馬、競艇、オートレースとともに公営ギャンブルとして認定され、場外車券を購入して楽しむことができる。小津は、この賭けに夢中になり、勝ち負けの小さな金額が連日こまめに記される。小津日記のトーンを明らかにはみ出して、異質感がある。競輪に過熱状態で関わったことは、たぶん生涯でただ一度、このときだけであり、二度目はなかった。何度も小津日記は読んでいるが、しっかり読み込めていなかったのだろう、私はこの時期の過度の競輪記述を見逃していた。

その競輪記述が他ならぬ『東京物語』（一九五三）のシナリオ後半部分の執筆時期と重なり、紀子役の原節子が、義父・平山周吉の笠智衆と話す最高潮シーンを書く日も含まれる。シナリオの進捗状況と、賭け競輪の金額とが、錯綜して記されている。小津が平常心を保とうとする感じの奥に、競輪に関わって彼の弾んだ高揚する息づかいが伝わってくる。一か月に満たない期間だが、日記を読みすすめてきた者にとっては、突然変異的に感じられ、驚き、ある種、異様な感じを受ける。だが『東京物語』の脱稿とともに競輪熱は急激に冷め、以後、日記からはぴたりとその記述は消え、日常的なメモに戻る。なぜ競輪への熱気が消失したのか。そもそもカネについての記述は小津日記では、この時期、極端に少ないこともあって、競輪関連の金額を、それも少額まで詳細に記入している事実は、一世一代の傑作『東京物語』執筆時であるだけに注目に値する。

もう一つ、この時期の小津における「飲酒」についても見なければならない。小津はアルコール依存症的傾向にあったことが『全日記』から読み取れる。食道楽だった小津には酒もついてまわった。だが『東京物語』執筆期のこのとき、「当分朝酒はやめることにする」と記されていたりして、頻度の高い飲酒をやめるべしとの自覚が、大きくはないが、しかし明確にあったことがわかる。小津は禁酒について日記にはほとんど記していないので、この部分は、その異質感が目立つ。

映画『東京物語』から醸しだされる平常心、しかし高揚感を秘めた展開とその高度な達成は、いかになされたのか。旅館に缶詰になってシナリオを書いている小津と野田高梧（共作者）に、競輪がいかなる影響を与えたのか。飲酒が、どのようにからんでくるのか。瑣末な詮索といえばそれまでだが、小津研究者やファンは読み落としてきたように思える。不思議であり、なぜ誰も気づいていないのかと思ってしまう。

小津のアルコール依存については、小津の神格化とも関わってなのか、研究者は、ある程度の指摘はするものの抑制しているように推測される。数え切れないほどの小津関連記述の中に、それほど大きく取り上げられていない。本稿では、小津と競輪と『東京物語』、そして小津における飲酒を、小津日記から読み解いてみる。タブーに挑戦といった意図や覇気はないが、事実を見極めることはやらねばなるまい。

2　一九五三年「茅ヶ崎館」

小津日記に初めて「競輪」が出てくるのは、一九五二年五月二六日の「後楽園競輪」であろう。六月一四日にも「ロケ　競輪」とある。この二つは『お茶漬の味』のシナリオとロケに関わっての記述で、この映画には競輪場のシーンがある。約三〇カットで三分間。佐分利信、鶴田浩二、津島恵子が「券」を買って遊び心で応援している。だがこれは、小津自身が競輪と主体的に関わっての記述ではないから、小津の競輪への関心がどの程度であるかの判断材料にはならない。

本稿で考察する『東京物語』以後だと、『早春』（一九五六）で、娘・淡島千景が母・浦辺粂子に向かって、競輪場に「おッ母さん、ちょいちょい行くの？」と問うと「ちょいちょいなんて行きゃしないよ。……たしかな筋から聞きこみがあって、八レースの四四絶対だってもんだから」との会話がある。浦辺は競輪通だったようで、この台詞は、浦辺が台詞について小津に意見具申したとも伝わるようだ。完成稿には原則として手を入れない小津だから、事実だとすると浦辺は小津にもの申したということですごいし、小津は競輪の「通」とまではいえないことにもなる。『お早よう』（一九五九）には、商売仲間が小料理屋で飲みながら競輪の予想をやっているシーンがある。「アア、明日の花月園か。好きだなァおめえも。オイ、どうだい、この三レース」。『小早川家の秋』（一九六一）では、また競輪場にロケしており、中村鴈治郎がハズレで、「クヨクヨしてもしようがないわィ」とぼやいている。日記には「向日町競輪を撮って」（九月二五日）とのロケ収録メモがある。小津は野球も大相撲も好きだったが、とにかく『東京物語』シナリオ執筆時の突発的で急激な「競輪」へののめりこみは目立つ。

『東京物語』の執筆、撮影、公開は一九五三年である。シナリオはいつものように野田高梧との共作で、旅館に二人が缶詰になって書くが、執筆中、小津だけが突然、競輪にハマる。前後の記述と比較すると、小津の高揚が眼前に浮かぶように思える。同室で起居をともにする野田が、競輪にどう対応したかは記述がない。そしてシナリオは急速に高揚を経て脱稿へと進む。執筆終了と同時にぴたりと競輪熱は冷め、日記から記述が消える。

飲酒については、小津日記におびただしい記述がある。酒、酒、酒……。一九五二年二月二八日、千葉県野田から鎌倉へ出て来ていた母あさゑから、「あんまり酒のむな」と言われたと記している。その日の記述には、前日から「宿酔」、いつものように朝風呂をしているのがわかる。「宿酔」は小津日記におなじみの言葉であり、一九五四年一二月から次の年三月までの一二〇日間に七回記されている。宿酔＝二日酔いに苦しみながらも飲酒は、それに倍する愉みであった。むろん創作意欲とも関わる。朝酒は習慣化し、朝風呂もほとんど毎日である。旅館での生活だからいつでも浴場に行けるのだ。

小津は日記を手帳型の市販版に書いている。「小型の手帳サイズの日記帳」（『全日記』の解題）であるが、「体に似合わぬ小さな文字で、それも、まるで活字のように整然とすこしの乱れもなく、几帳面にぎっしり書きこまれている」（石坂昌三『小津安二郎と茅ヶ崎館』新潮社　一九九五）とあり、確かに石坂著に載っている写真の手帳型小津日記に書かれている字体は整然としている。

次にこの年の小津日記から、本稿の主旨と関連する部分だけを抜き書きする。傍線部が競輪関係の記述である。〔No.〕は『小津安二郎全集・下』（井上和男編　新書館　二〇〇三）所収のシナリオ・シーン・ナンバー。［註］はすべて私の書き込み註記である。

小津日記に入る前に、小津が松竹特別契約的な旅館「茅ヶ崎館」（神奈川県茅ヶ崎市）で合宿をしてシナリオを共同執筆した野田高梧とのことどもを記しておこう。この旅館で二人は六年にもわたって、各作品に三〜五か月間、合宿形式で執筆した。野田と小津は八畳の「二番」室で起居をともにしながらシナリオを執筆した。新藤兼人は、同じ松竹のシナリオライターだったから、彼もこの宿でシナリオを書いた経験をもち、大先輩の野田とその相棒である小津の合宿についてエッセイを残している。題して「野田・小津のシナリオづくり」（『新藤兼人の足跡4 仕事』岩波書店　一九九四）。「野田さんたちは、朝はたっぷり睡眠をとって十時ごろに起床。この旅館に古くからいるたった一人の中年女中のおゆうさんが万事心得ていて寝床をあげてかんたんに掃除。その間に野田さんたちはゆっくり洗面。おゆうさんは朝食に二人前のめしと、みそ汁の材料をもってくるだけである。さて、野田さんと小津さんの丹念な朝めしづくりがはじまる。ベーコンを焼き、目玉をつくる、みそ汁に小津流のこまかい味つけをする。……だいたい二時間ぐらいかかって朝食がすむ。食べながら新聞をさらっと読む。……同宿の来訪者を非常に歓迎されて、いかにもはずんで雑談を愉しまれる。……昼寝をして目ざめればはや夕刻、夕食をたっぷり時間をかけて……シナリオをやる一日の時間は実に少ない」。夕食も寿司をとったり、自分たちで半調理することもあった。部屋の机には銚子、ウイスキー、やかん、湯飲み、茶碗、土瓶、調味料、ピー缶（煙草）、その他もろもろでいっぱいの写真が遺されている。

3　日記抜粋

『全日記　小津安二郎』より抜粋。

一九五三年一月一日　北鎌倉の新居で初めての正月　入浴　炬燵で屠蘇を祝つていると……麦酒をのむ……今年は大酒を慎しまう　い丶仕事をすべし……身体を大事にすること［註・鎌倉への転居は五二年五月二日で、母との二人暮らし。ただし住み込み家政婦はいる］
二七日　酒二合　い丶気持になつて炬燵でうたたねをする
二月四日　野田さんと湯ヶ原中西にゆく　はなれ二十五番　食事ののち雑談　東京物語のあらましのストウリー出来る
五日　朝めし　朝酒　昼寝をする　大変快し
一一日　いささか宿酔　早く起きる……昼寝する
一四日　野田さんに電話して　茅ヶ崎ゆきの時間を打合せる［註・この日から小津と野田による茅ヶ崎館での、いつものようなシナリオ執筆体制に入る　「中西」も松竹関係者の使う旅館である］

一八日　鳥ソップに酒を入れて朝のむ……仕事の話　初めて少々する……山村〔聰〕〈長男〉職業医者とする
二〇日　杉村〔春子〕〈長女〉の職業を美容師に決める
二三日　昼すぎ朝食　良輔は車を呼んで平塚の競輪に出かける　昼寝……トンカツ　塩辛にてソップ酒……三時に及ぶ［註・斎藤良輔は松竹の後輩シナリオライター］
三月二日　そろそろ作業にかゝる気になる……入浴　酒……赤飯の茶漬をくふ　仕事の話　老夫婦〔笠智衆と東山千栄子〕を熱海の温泉にやつたらどうかといふ話などする
一〇日　昨日の酒がのこつていて頭が重い……競輪の選手が合宿にくる
一三日　そろそろ仕事をやらねバならない　実にさう思ふのだが何もやらない……朝めしののち昼寝する　やがて風呂に入る……晩めしとなる……かくて一日がすぎる　無為
二〇日　晩春　麦秋などの構成を書いてみる
二一日　朝めしののち昼寝……仕事の話少しくする
二三日　一本つけて朝めしにする……入浴　鳥なべにて酒
二四日　朝　鳥スープで酒　朝めしののち昼寝……構成にかゝる　二時になる
二五日　十時仕事を始める　能率大いによく　熱海の宿より〔No.75～〕ラストまで一息に構成出来る［註・十時は夜。小津・野田の仕事は主に夜になってから始まる］
二六日　良輔自転車で外出していてゐない……構成始めからかゝる　捗らず十二時にやめる

二七日　仕事　急患があつたらどうかなどと語る〔No.43〕［註・長男医師の役柄上の対応について。急患の往診を引き受けたために老夫婦の東京見物は日延べになる。老夫婦の東京における最初の蹉跌］
三〇日　いささか宿酔……朝酒少々　昼寝……上京……ルパンにゆく　ハイボールのむ……この日一日どうやら宿酔気勢上がらず
四月五日　腫物《はれもの》の手当をする……一時間半程久々に仕事する
六日　酒少々で夕めし　二時間程　仕事をする
七日　朝めし　肉をくふ……夕めし　天ぷら　酒……仕事仲々難渋也
八日　月ヶ瀬で……香川京子に会ふ……とにかく書き始める　熱海の海岸のところから書きこのシーンを上げる〔No.88〜No.91〕［註・「月ヶ瀬」は大船撮影所前の食堂。佐田啓二夫人となる杉戸益子の実家］
九日　杉村の美容院のくだりにかゝる〔No.37〕入浴……ひとり町に出て参考の美容の本など買つて帰り美容院をやる〔No.39〕
一二日　酒をのむ……久々に北鎌倉に帰る［註・約一か月ぶりに帰宅］
一四日　朝めし　初鰹　酒少々　入浴……月ヶ瀬で天ぷらに酒……電車で茅ヶ崎に帰る［註・野田と茅ヶ崎館での合同執筆再開。北鎌倉の自宅にも、茅ヶ崎の仕事場にも「帰る」とある。「茅ヶ崎館」は、「自宅」とほとんど同義である］
一五日　珍しく朝酒をやめる……平塚の競輪……いゝ加減に十枚程買つてみる　千六百六十円

のが二枚当る……美容院から〔No.92〕上野公園のくだりを書き上げる

一六日　当分朝酒ハやめることにする……平塚競輪……昨日に味をしめて十五枚程また買つてみる……代書屋のくだりにかかる　入浴……酒少々にて夕めし　競輪四レースのうち二レース当つる　昨日からの通計五千四百円位当る　夜に入つて二時まで仕事　小料理屋上げる〔No.98〕

一七日　散歩に出る……帰つて仕事……入浴　晩めし　鳥叩き　鳥ソップ　酒……おでん屋のくだり　三時までかゝつて上げる〔No.101〕

一八日　昼間　おでん屋の追加訂正をする〔No.101〕夜　原（節子）のアパートをやる〔No.103〕この日終日酒をのまず　近来珍らしいこと也

一九日　仕事昼間　美容院を上げて〔No.104～108〕夜一時半までで　デパートを上げる〔No.64〕駅前の競輪のブローカーに頼んで十一　十二レースの鶴見を十七枚程買ふ　十一レース千百円当る　競輪通算　四千八百円のもうけ也　十一レース千百円当る　終日酒を嗜まず

二〇日　春風駘蕩　庭に出てゴルフの球をうつ　鶴見競輪の札十八枚程頼む　仕事アパートの次の路を昼間やる〔No.102～110あたりか〕……入浴　夜　東京駅のくだりを上げる〔No.112〕。競輪この日二レース当るも少く　千二百九十円の損也　通計ハまだ三千五百十円のプラス也　柳の下の泥鰌いつまでも一所にハおらず　このあたりより素人そろそろ

落目となるか　酒本日で三日やめる
二一日　予想屋来て鶴見の競輪十枚買ふ　三レース当つて千八百十円くる　通算プラス四千三百二十円儲かる……入浴……鳥たゝき　鳥スープ　酒　仕事　大阪のくだり　事務所上げる〈No.115〉
二二日　予想屋新聞をとゞけてくれる　鶴首協議する　とにかく二枚宛十二のケースを買つてみる……入浴　晩めし　天麩羅　天どんにする　この日　十二レースが当つて七百二十円が二枚当る　九百六十円の散財　通計三千三百六十円のプラス……仕事　老父母の大阪の宿にかゝる〈No.116〉
二三日　朝天どんをくふ　上原氏が金をとゞけてくれる……東京田舎から電報の来るくだりをやる〈No.118〜125〉夜　原（節子）の事務所〈No.126〉　山村の病院を上げる〈No.126〜129〉　これで東京の部分　後半上る……能率まことによし
二四日　春風駘蕩　参院の選挙の日なれど棄権……明治大正の古い歌など唄つて大いに笑ふ
仕事ハ何もしない
二五日　競輪の新聞がとどく　小田原の初日の由　九枚買つてみる……酒
二六日　麦酒をのむ……酒……明日からまた当分いそがしくなる
二七日　朝酒少々……夕めし　のち仕事　尾道にかゝる〈No.130〉二十五日の小田原競輪二レース計七百七十円当る　九枚なれバ百三十円マイナス也　通計三千二百三十円のプラス

也

二八日　春風駘蕩……珈琲をのむ……仕事　尾道の子供たちのくるくだり　やる……　競輪十四枚程買ふ　五レースのうち四レース当る　五百円のプラス　通計三千七百三十円プラス也

二九日　野田さん　良輔　芦沢と散歩に出て　踏切向ふの競輪屋まで行つて車で帰る　仕事尾道の臨終の夜明けをやる（No.148）出来たところまでを良輔に話する　三時就床　この日小田原二十枚買ふ　一レースのみ当る　千五百三十円のマイナス　通計二千二百円のプラスと相成る

三〇日　朝またしても競輪屋くる……珍らしく　朝めしののち仕事を始める　寺と庫裡を上げる（No.151〜155）。料理屋のところ上げる（No.157）能率まことによし　この日五レース二枚宛買つてみる　うち二レース当る　プラス千百円也　通計　三千三百円也のプラスとなる

五月一日　競輪この日なく　雑談何となくはずまず　仕事　昨日の料理屋のところ訂正して紀子（原節子）の帰る日のくだりにかゝる（No.158〜）

二日　仕事にかゝる　尾道　紀子帰る日の京子（香川京子）の問答を上げる（No.163）。豚なべ酒……仕事の上の医者の会話のくだり　いろいろきく

三日　薫風渡る　起きて風呂に入る　今日から平塚競輪の由　小林さんに血圧ハかつてもらふ

血圧115～60也　小林さんを四時八分の電車で送りながら駅までズボンで出かける　駅向ふの競輪屋の黒板など見る……乙羽信子氏の訪問をうける　ウイスキー　羽衣などいただく……仕事　尾道の終まで書上げる〔No.164～176「終」〕この日七レースを買ひ二レース当る　千五百円にて千三百四十円返る通計　三千百四十円プラス

四日　豚たゝき　酒……ピンポンなどする　平塚　七レース　十三枚買ふ　三レース当つて七百三十円返る

五日　スープ酒……平塚三日目　七レース　七枚にて一レース　四百十円返る

六日　酒……カード式にして前半の分並べてみる……平塚　十六枚とのり四人で二枚買ふ　八百十五円戻る　八百三十五円のマイナス也〔註・シナリオをカード式にして並べるのは完成の最終点検作業〕

七日　雨のため本日ハ競輪ハない……朝めし　ウイスキーをのむ……鎌倉に帰つて　酒　晩めしをくふ……久々によくねる

八日　麦酒をのむ　夕めし　酒……荷風日乗などよむ〔註・永井荷風『断腸邸日乗』二二巻を六月一四日に読み終えている。小津日記は荷風の日記と似た簡潔な文体であるが、この時期以前のものとあまり変わっていない〕

二九日　昼すぎ野田高梧来る　脚本の浄書せるものを読みくらべて訂正をなす〔註・『全集』には二八日に脱稿とある〕

4　野田高梧とのシナリオ執筆

『全日記』解明の前に少々、解説的付記をしておこう。小津と野田高梧との間で、新作の構想が始まったのが一九五三年二月四日。野田が戦前に見たレオ・マッケリー『明日は来らず』（一九三七）が下敷きになったとされる。確かにマッケリー作品は、子どもたちの老親排除と両者の断絶を描いた佳品であり、『東京物語』の大まかな構想を立てるうえで大いに参考になったろうことは容易に推測できる。

二人は、題名を『東京物語』と決め、主筋を練りながら四月八日から本格的なシナリオ執筆に入る。そして五月二九日に、野田の娘・山内玲子（脚本家・山内久の妻。筆名・立原りゅう）が原稿を「浄書」して完成。二月から五月までの四か月弱だった。実質的に仕上がったのがいつなのかは、小津の日記そのものが欠けているから不明。貴田庄『小津安二郎と「東京物語」』（ちくま文庫　二〇一三）には、「五月十日から二十七日までの十八日間に、小津と野田が前半を書き」とある。石坂著もほぼ同じ見解。シナリオは前半のほうが後で書かれたことになるが、『東京物語』は、熱海のシーンあたりからドラマがそれなりに動きだすのは確かで、本作の明確な骨格はすでに二月には決まっているのだから、重要シーンから書きはじめたのに違和感はない。

撮影は七月から一〇月、公開は一一月三日。シナリオは撮影が始まる以前、「キネ旬」七月上旬号に発表されるが、完成作品は、尾道の方言部分が直されただけで、シーンナンバーも含めてほとんど変更はない。小津と野田のシナリオ作法は、初稿が完成稿に限りなく近いということである。構想と執筆の段階で練りに練られる。溝口健二の、撮影現場で台詞を何度も依田義賢に書き直させるやり方とは決定的に違う。むろん、どちらがよいといった問題ではなく、完成したものがすべてである。

『東京物語』は、『晩春』『麦秋』と合わせた三部作の「結」とされるが、実際の小津フィルモグラフィは一九四九年『晩春』、五〇年『宗方姉妹』、五一年『麦秋』、五二年『お茶漬の味』、五三年『東京物語』である。五年間に五作品なのに、一年おきの「三部作」とされるのは、原節子が「紀子」の役名で主演しているからである。三作品とも紀子の父親は周吉（笠智衆と菅井一郎）であるから「紀子・周吉」三部作でもよいわけである。

別々の物語ながら『東京物語』を含む三作は、小津と野田の内面では連結している。原節子の圧倒的存在感という現象で結びつくのか、『晩春』『麦秋』の作品的高揚に続いているからか。あるいは三作品の通奏低音である「家族」、とりわけ女性の結婚再婚問題なのか。さらには老いの哀感、親子の齟齬、血で結ばれた家族の不如意……、そんなところでつながるのか。ともあれ家族の不確実性が、『東京物語』では提起されてくるが、そのあたりは判然としない。瓦解する「家族」という括《くく》りでとりわけ連結性があり、それを小津は意識しているともいえる。

『東京物語』について、「親と子の生長を通じて、日本の家族制度がどう崩壊するかを描いてみたい」（「キネ旬」増刊No.358　一九六四）のだと、「自作を語る」で小津自身が言っているのは知られている。小津にとっては、すでにこの時点で家族崩壊三部作的なものとして自覚されていたのかもしれない。三部作という呼称は的確な把握なのである。小津自身が、情人とでもいえる人がありながらも結婚をしなかったのは、家庭・家族の「不確実性」への思いを堅持していたからかもしれないと思ったりする。

小津の年齢では、『晩春』が四五歳、『麦秋』が四七歳、『東京物語』が四九歳である。日本人男性の平均寿命は一九五〇年で五八・〇歳と統計にあるから、小津自身にとっても、『晩春』『麦秋』の手応えと好評から、『東京物語』にとりかかるあたりで、正念場との意識があったと思われる。一〇歳年長のパートナー・野田高梧は、似かよったというよりも、もっと切実な思いがあったとしてよいかもしれない。そして小津の高揚した気分は持続され、畢生《ひっせい》の傑作が出来上がる。小津の映画人生の頂点がここにあるのは、結果論としてではあるが、誰もが認めるところである。

5　競輪と貨幣価値

シナリオ執筆と併行して「競輪」の賭けの勝負が日記に頻出することの考察が、本稿の主眼である。「頻出」とするのは、小津日記全体のバランスを見ての判断である。競輪のことが書かれるのが『東京物語』執筆中に集中し、膨大な日記なのに、他に競輪の記述はほとんどない。『東京物語』終決部の最重要シーンが書かれた五月三日は、「尾道の終まで書上げる」とある。シナリオではNo.164〜176であり、No.176で本作は「終」。No.164はとりわけ長いシーンで、父・周吉と戦死した息子の嫁・紀子が本音でぶつかり合い、信頼感を吐露し合う最重要部分である。嫁「あたくし猾《ずる》いんです。お父さまやお母さまが思ってらっしゃるほど、そういつもいつも昌二さん（死んだ夫）のことばっかり考えてるわけじゃありません」。父「いやァ、忘れてくれてええんじゃよ。……妙なもんじゃ。自分が育てた子供より、言わば他人のあんたの方が、よっぽどわしらにようしてくれた。いやァ、ありがとう」。『東京物語』は傑作とされるが、そのコーダ（終決部）である。この日の日記は、「小林さんを四時八分の電車で送りながら」とあって「駅向ふの競輪屋の黒板など見る」と続けている。競輪情報を知りたいがために、「駅向ふ」まで足を延ばしている。そもそも「小林さん」（医師らしい）を茅ヶ崎駅まで送ることも口実だったのではないか。小津の執心がわかる。そして「通計　三千百四十円プラス」と競輪での勝ちを興奮気味に綴る。『東京物語』の父と嫁の心底から吐露される言葉と、競輪への執着気分の落差は大きい。大きすぎる。

ともあれ『東京物語』の重要部分は、小津の競輪への熱中と響き合って書かれている。賭け事への高揚感が創作の高ぶりを後押ししているとしなければならない。小津の心の裡《うち》に、理性では理解できないものが渦巻いている。その小津の心を読むことはできないが、人間心理の不可思議さを思わずにはいられない。私の知るかぎりでは、石坂昌三が、「競輪」に触れた小津の不可解な心の裡について前掲書で少し言及している程度である。全くなかったわけではなさそうだが、小野俊太郎（『「東京物語」と日本人』松柏社　二〇一五）、梶村啓二（『「東京物語」と小津安二郎』平凡社新書　二〇一三）、貴田庄なども、『東京物語』だけで一著を上梓《じょうし》しているけれども、競輪や飲酒についての指摘はほとんどないように思う。貴田に至っては『小津安二郎の食卓』（芳賀書店　二〇〇〇）という著書まであるが、飲酒に特別の章を割いているわけではない。

"I drink upon occasion. Sometimes upon no occasion"というドン・キホーテの箴言を英訳文で挙げているだけである。「酒を飲むのに理由はいらない」ということらしい。

次は、小津が競輪に費やす金額の多少についての考察。まず『東京物語』に出てくる金銭値と、小津日記の競輪に関わる金額とを比較してみる。『東京物語』で、父母の接待に時間を割けずに困ってしまった美容師の長女・金子志げ（杉村春子）が、兄の医師・幸一（山村聰）に話しかける。「ねえ兄さん、あたし、考えたんだけど、ちょいと三千円ばかり出してくれない？

……二千円でいいかな、やっぱし三千円はいるわね。……ううん、お父さんお母さん、二、三日熱海へやって上げたらどうかと思うのよ」。幸一「ウーム、そりゃいいかも知れないね」。結局、兄と妹は父母に六千円を渡して、まずは熱海に二泊させようとしたわけである。この金額が、一九五二、三年頃にどの程度の価値をもっていたかを、当時の物価と比較してみる。『戦後値段史年表』より。「年」の表記がないものはすべて一九五一年のもの。

うな重　三百円、映画入場料　八十円、歌舞伎座桟敷席　六百五十円、カレーライス　八十円、大手銀行初任給　一万円強（五三年）、公務員上級職初任給　七千六百五十円（五二年）、後楽園内野指定席百五十円、週刊朝日　三十円、ホテル宿泊（二人）三千二百円（五二年）、民宿三百五十円（五二年）、ハガキ　五円、新橋・大阪間旅客運賃　六百二十円（五〇年）。なお、小野俊太郎は前掲書で、父母が乗った一日観光のはとバスが五百円だったと調べている。

さしあたっては、大手銀行の初任給が一万円強、歌舞伎座桟敷席が六百五十円あたりを念頭に置いてみると、直感的に比較が生々しくなる。『東京物語』で六千円を兄と妹が老父母に渡して熱海で二泊させるのは、金額としては妥当なところだろう。

6　「三千七百三十円プラス也」

小津の競輪収支と、その日記への記載を考察すると、驚くほど勘定を細かく記録し、損得に神経質といえるほど固執しているのがはっきりする。映画で、父母の熱海行き支出の千円の違いにこだわるのに似ている。さて「カネ」である。そもそも小津はカネのことを日記にはあまり書いていない。日記に金額が記述されている部分を、「三部作」の期間である一九四九年から五三年までの五年間について、『東京物語』執筆時を除いて拾ってみる。

「山本武くる　十万円もつてくる」（五一年三月四日）、「（鎌倉の家を）買ふことにして手金を入れる」（五二年二月二七日）、「陶哉北川に二五万円渡す」（三月七日）、「麦酒をのむ　会費二千円になる」（二三日）、「トコヤ　築地信ちゃんくる　五万円渡す」（二五日）、「三千円貸す」（五月一八日）、「植木屋全部で四万円かかる」（二一日）、「たたみ屋秋山くる、一万六千円を渡す」（二二日）、「大卯一万円渡し」（二七日）、「大船鎌倉間二等三ヶ月定期を購う　二千四百三十円也」（五三年六月一一日）。

五年間という長期間で、一二〇ページ余にもなる活字出版本の記述で、競輪のときを除くと、これくらいしか探し出せない。金額は競輪と比べると大きいが、記述数は驚くほど少ない。この頃の小津の賃金なり脚本・演出料はどうであったのか。石坂昌三は前掲書で、一九五六年の契約資料からとして次のように記している。「月手当一二〇万円。監督料二五〇万円。脚本料八〇万円。合計四五〇万円。月手当は一年分で、月々一〇万円だった」。一九五八年の総理大臣の月給が「一五万円・年額一八〇万円」とも石坂は書いているから、小津の収入はべらぼうな額、高給取りもいいところである。さらに石坂はこの年の「公務員の初任給が九千二百円」

だと調べている。だとすると、熱海行きの三千円云々はむろんのこと、競輪の儲けを「通計三千七百三十円プラス也」等々と書き、「春風駘蕩」と喜んでいるのを知ると、まるで別人のようである。おおよそ次元が違う。後年、さらに松竹から前借りをしている様子が日記からうかがえるが、これもまた『東京物語』の世界とはケタが違う。そんな小津の財政的現実があるにもかかわらず、そしてカネへの執着が特別に強くなく、むしろ鷹揚といってもよい小津が、どうしてこの時期のみ競輪のカネにこだわったのか。『東京物語』執筆中の一九五三年春の日記には、小さな金額がこのときだけ連綿と並んでいる。二二日間に一四回、競輪勝負の金額が記載されている。五年間の日記で、競輪期を除いてカネの記述が一〇回程度しかないのにである。全体の小津調日記のトーンを乱している。この競輪における神経質なプラスマイナスの記述をどう考えるのか。年収四五〇万円の小津が、小さな金額に一喜一憂している神経と心理は、普通の感覚では理解しにくい。

突然変異的な記述から何が見えてくるのか。小津の競輪に対する傾倒と必死の思いが、そのままシナリオ『東京物語』を書く力と連動していると考えればよいのか。このあたりが肝心なのである。ただただスリリングで、少しでもいいから「プラス也」になり、「儲かる」ことが小津の創作欲を刺激しているのか。カネには執着しないとの自戒を破って、十円のケタまで書き込むのは、成人してからの生涯でただ一回の例外であろう。少し酒をひかえようという気分が胚胎してくる。この少額の「勝ち」と後述の「節酒」志向が、執筆の「能率まことによし」

につながり、『東京物語』は書き上がった。理性の範疇ではない。ロジカルな割り切り方は到底できない。

7 「珍しく朝酒をやめる」

『東京物語』シナリオ執筆時の小津日記は、飲酒の記述がそれまでより多いと感じられるが、飲酒記述の内容も、それ以前や以後と微妙に違うのに気づく。端的にいえば、アルコールをいつものように摂取しつつも、酒をひかえようとの姿勢なり努力があり、事実、酒を飲まなかったとの記述が出てくる。四月一五日から二〇日までの間に、禁酒に関わって次のような記述がある。

「珍しく朝酒をやめる」（一五日）、「当分朝酒はやめることにする」（一六日）「終日酒をのまず近来珍らしいこと也」（一八日）、「終日酒を嗜《たしな》まず」（一九日）、「酒　本日で三日やめる」（二〇日）。

四月一五日からの六日間中の三日間は、酒を飲まなかったと記している。こんな記述をわざわざするのは初めてである。だが、完全禁酒とか断酒ではない。一五日と一六日は、「朝酒」はしなかったが、夜は飲んだだろう。一七日は飲んでいる。だが節酒の気持ちは小津の中で強く意識されている。この節酒の契機になったのが、競輪への傾倒である。さらに、この六日間は仕事がはかどっているのもはっきりとわかるから、執筆意欲とも関わっていよう。「競輪」がうまくいっている日と執筆の高揚が一致する。突然、小津の生活に「競輪」が入り込んできて、創作意欲をかきたてる。五月一日に、「競輪この日なく　雑談何となくはずまず」と記しているのとは対照的である。「春風駘蕩」は、快調時の常套句だが、四月二〇日、二四日、二八日と、九日間で三回も書いたのは『全日記』中に例がない。

もうしばらく小津の飲酒にこだわってみよう。小津はアルコール依存症だったと思われる。アルコホリック（alcoholic）である。仕事に支障はないのだから軽度のものなのだろうが、少なくとも依存的傾向があったのは確実である。たとえば、競輪が始まる前日である四月一四日の日記には「朝めし　初鰹　酒少々」とあって、小津は朝酒をやっているのがわかる。夜は「天ぷらに酒」とあって、一日に二回の飲酒であり、これが平均的日常であると推測される。日記に記されているのを数えてみる。『東京物語』執筆の一九五三年は、日記を綴っている日数は一五一日、飲酒を記録しているのはそのうち八四日で、過半である。たぶん小津日記では飲酒記述が最多の年のように思われる。事実、井上和男編『小津安二郎・人と仕事』（蛮友社　一九七二）には、「脱稿　百三日間　酒一升瓶四十三本」とある。むろん野田と二人でであるが。その前年、一九五二年二月と三月に茅ヶ崎館で『お茶漬の味』のシナリオを書きはじめるあたりの六〇日間での飲酒記載は二一日間。一九五九年の『お早よう』のクランクインからアップまでの大船での撮影期間である八七日で、飲酒と明らかにわかる形で日記に記しているのは三二日ある。さらに一九六〇年五月、『秋日和』のとき、蓼科の野田別荘「雲呼荘」にこもっての日記を点検すると、三一日間で四日である。むろん日記に記していない日もほぼ欠かさず飲酒しており、朝酒もしているだろうが、『東京物語』の年より記入の頻度は落ちる。

日記に書き留めるか否かはあまり関係ないだろうが、『東京物語』執筆期、小津が少量の飲酒も書き留めようとしていることは知っておいてよいだろう。『東京物語』の「競輪」とかむ前述の六日間のうち五日間は、わざわざ節酒か断酒かを書きこんでいる。飲酒の頻度が多かったと想像されるこの年であるのに、小津は「競輪」とまるで対になったように「禁酒」を心がけている。いつにないことであり、その節酒が、『東京物語』執筆時に出来《しゅったい》したのである。

小津がアルコール依存症であったかもしれないと、正面から言い切る研究書なり小津関連文献を、私はほとんど読んだことがない。だが岩下志麻が次のように証言しているのは知られている。「撮影の時にね、朝いらっしゃると、私のそばへ来て〈ハ、ハッ〉って〈お酒臭くないかい？　僕〉っておっしゃるんですよね、実際はすごくお酒臭いんですけど悪いから〈いいえ、先生、全然匂いません〉と言うと〈あァ、そうか、昨日も飲んじゃってねぇ〉なんておっしゃって撮影なさっていたんですよね」。（井上和男編著『陽のあたる家』松竹映像出版監修　フィルムアート社発行　一九九三）。現代なら女性（女優）にこのように向き合う小津はアウトだろう。私が読んだかぎりでは、都築政昭が、小津とアルコールにかなり触れている（『「小津安二郎日記」を読む』ちくま文庫　二〇一五）。

「『お早よう』を撮った昭和三十四年、スポーツニッポンの記者に語っている。〈僕にとってアルコールは文字どおり潤滑油なんだ。もともとぶきっちょだからアルコールを入れて脳ミソの間をゆるくしなくちゃね〉（スポーツニッポン　一九五九年四月一日　前掲都築著より）。しかし『秋刀魚の味』（一九六二）の時は、様相が違っていた。小津がスタジオに入ってくるだけで、酒が匂ったのである。スタッフたちは小声で、〈おい、今日はブランデーだ〉〈今日はウイスキーだ〉とささやき合った。ストレートの洋酒をかなりあおって来たのだ。……野菜や果物などは嫌いで、頑固な偏食家であった。……素面《しらふ》でいる時間よりは、アルコール漬けの時間のほうが長くなっていったのである」（前掲都築著）

『秋刀魚の味』のエピソードは、岩下志麻の述懐と同時期のものだが、この撮影時の一九六二年、小津は最愛の母を亡くして半年しか経っておらず、気落ちしていたことは知られており、当然、小津は悲愁と孤独を酒でまぎらわしていた。だが、この喪失感とアルコールびたりの中で撮られた『秋刀魚の味』は、小津晩年の秀作、カラー映画での最高作になった。ほろ酔い気分で、「ウーム、ひとりぼっちか」と、軍艦マーチの旋律が次第に消えていくのをバックに笠智衆（周平）がひとりごつラストシーンは、小津の孤独なうめきとして、観る者の心に突き刺さる。『秋刀魚の味』は、アルコールへの依存の中で、意識を超えたところで描き出した小津の白鳥の歌として、観る者の胸にしむ。『晩春』のラストの、一人になった周吉（笠智衆）が「力なく……椅子へ腰をおろ」して林檎の皮をむいたとき、アルコールは入っていなかった。

『東京物語』の周吉（笠智衆）が「ポツンと、ひとり座って海を眺め」て「思わず深い嘆息を漏らす」ラストも酒は介在しなかった。『お茶漬の味』のラスト近くの中年夫婦は「お茶漬」で充実感にひたっていたのが思い出される。小津の孤独感・無常観は、アルコール依存と重なり合って進んだと見てよかろう。

小津をアルコール依存症と判断することを喜ぶ気持ちは毛頭ないが、偶像的に小津を祭りあげる必要もあるまい。小津の評価はもはや不動であり、普遍に達しているのだから、むしろもっと多角的に、精査や仮説や大胆な推論、そして真正面からの小津論の構築がなされることを望みたい。

本稿は小津の食物嗜好や酒の仔細点検を本旨としないが、小津が食道楽だったのは知られているのだから、飲酒と嗜好品、好物との関係も追究されてよい。日記に綴られている食品は、軽いものより重いもの、淡泊なものより脂っ気の多いものが圧倒的である。植物性よりも動物性の蛋白がアルコールと複合することで、小津の精神と肉体にどのような影響を及ぼしたかは、グルメ的興味を超えて点検されてもよいだろう。小津日記から、小津が食したすべてのものを、その頻度をも含めて調べ上げてみるのも一案だろう。

そんなこんなと小津の飲食に想いをめぐらすが、それにしても、小津安二郎、六〇歳の死は、やはり早すぎる。一九六〇年五月五日の日記に、蓼科の野田別荘近くを散歩中に出会った老婆から「おじいさんは七十かねといはれていさゝかくさる」と記している。大いにくさっただろう。このとき小津は実年齢五六歳だが、本当に「七十」くらいに見えたのだろうと思ったりする。笠智衆も書いている。「年齢は野田先生のほうが十も上だったのに、並ぶと、まるでその逆のように見えたものだ」（『俳優になろうか』朝日文庫　一九九二）。あるいは、本稿のタイトルである「『東京物語』と競輪」よりも、「小津安二郎における飲食」というテーマのほうが、重要なのかもしれないと思ったりする。

8　メリハリを欠いたリメイク

『東京物語』の七年後、一九六〇年の小津日記から、大相撲で佐田啓二が勧進元になっての映画仲間による小さな賭博がおこなわれていたのがうかがえる。開催中、〈－400〉とか〈＋1200〉とあり、一五日目終了後「佐田より手紙2400同封してくる」（三月二二日）と記されている。現金が動いているのである。「GとTにかけて司にまけて五千円とられる」（九月二四日）と唐突に出てくるが、『秋日和』（一九六〇）撮影中のセットで出演者の司葉子と巨人・阪神戦の予想で賭けに負けたわけである。遊び心あふれる愉快なエピソードだが、緊張感を欠いているから、そこから傑作を創り出そうという意欲は感じられない。『東京物語』執筆時の、張り詰めた中での「競輪」とは質的に違う。

『秋日和』は、『晩春』のメリハリを欠いたリメイク的作品でしかない。『彼岸花』（一九五八）でカラーになって以後、死の予感に近いものをもって撮った『秋刀魚の味』以外は、小津の小津たるゆえんを発揮した作品はつくれなかった。『秋刀魚の味』にしたって、『晩春』を下敷きにしての発想であり、豆腐屋が少し味を違えて手慣れた豆腐をつくり、出来上がった豆腐はまずまずの味だったとの比喩が当てはまるだろう。だが小津は命が尽きる予感の中で、他のカラー作品とは違ったものに仕上げた。髙橋治『絢爛たる影絵』（文春文庫　一九八五）を援用すれば、『秋日和』『小早川家の秋』『秋刀魚の味』の「秋三部作」は（『彼岸花』を含めてカラー「四部作」でもよいとも思うが）、『秋刀魚の味』のひと味違うのを除けば、所詮『晩春』『麦秋』『東京物語』の「春三部作」には及ばない。そう見てくると、『東京物語』は、射幸心の遊び心が、酒までからんでジョイントし、昇華して、必死の創作意欲と結びついて噴出したといえる。この曰く言いがたい集中が、小津畢生の傑作を生んだ。『東京物語』は例外としかいいようがない。

一九五三年に戻る。そもそも小津に競輪の「賭け」を吹きこんだのは、後輩シナリオライターの斎藤良輔だと推察される。小津と野田が執筆しているのは茅ヶ崎館であるが、この年三月一〇日の小津日記に次のような一節がある。「競輪の選手が合宿にくる……良輔帰ってくる宿屋に客が大勢で各部屋に久々に灯がとぼる……良輔から青銅の基督《キリスト》の話」。競輪選手の合宿と、長与善郎『青銅の基督』（渋谷実監督）の脚色にかかりはじめた斎藤良輔ならびに『東京物語』の構想を練っている小津とには、いかなる関係もあるとは思えない。だが、競輪選手があまり大きくない旅館に合宿していれば、廊下などで出会うこともあるだろう。私も、まだ新しい世紀になる前に、小津・野田の部屋を見学するために茅ヶ崎館に宿泊したことがあるので、共同浴場があることなど、旅館のだいたいの雰囲気はつかめる。当然、競輪好きの良輔との話では、競輪がどうのこうのと交わされたと想像するのが常識的である。全く競輪を知らないわけでもない小津の中に、競輪のことが胚胎してもおかしくはない。競輪の合宿の翌一一日には、「良輔に会ふ　競輪の帰り也」と、わざわざ「競輪」と書き込んでいる。競輪への関心が高まっている小津は、意識を超えたところで「競輪」という言葉を使ったのかもしれない。

だが小津は四月になってから「頸《くび》の腫物」で、大船撮影所の医務室で診察、治療を受けることと一週間、競輪どころではなくなる。この頸の腫物が一〇年後の小津の命取りになる頸部の癌と関係があるなしについては、貴田庄の前掲書に任せるが、私は無関係と推測している。それよりも小津の酒と食べ物、とりわけ脂っ気の多いものを、日本酒、ビール、ウイスキー等のアルコール飲料で胃袋に流し込むようなことを長年月続けたことのほうが、むしろ癌性の腫瘍を頸に発症させたことと因果関係があるのではないかと思う。医学知識のない素人的推察として提起しておきたい。そして四月一五日に競輪「券」を初めて「いい加減に十枚程買つてみる」ところから、集中的かつ熱狂的ともいえる形でのめりこむ。何十円単位の金額が日記を埋めることになる。

斎藤良輔が小津の気分に火をつけた当人であることは、状況証拠ではあるが、日記に競輪と併せて「良輔」が頻出することからもおのずとわかる。良輔とは競輪の話ばかりになっていった感じである。

小津を競輪に引き込んだ斎藤良輔とは何者か。小津の『風の中の牝鶏』（一九四八）の脚本を小津とともに書いたライターである。小津のシンガポール時代には、一緒にシナリオを書くために「軍報道班員」として行動し、同じ釜の飯を食った仲間でもある。小津門下に近い同輩であろう。小津より七歳年少。斎藤も茅ヶ崎館にこもる松竹大船籍の脚本家である。渋谷実がメガホンをとることになっている『青銅の基督』（一九五五）がなかなかうまく脚色できないでいるのだが、彼の数多い作品の中で、代表作は、同じ渋谷の『現代人』『本日休診』（ともに一九五二）あたりだろう。田中絹代が演出した『月は上りぬ』（一九五五）は、小津との共同脚本であることも忘れてはならない。小津日記には、特にこの頃は「良輔、良輔」と頻出している。『日本映画作家全史』（社会思想社　一九七八）に、猪俣勝人と思われるが、斉藤について次のように記しており、これも小津を競輪に興味をもたせた状況証拠になろう。「どちらかといえば気軽な兄貴風で通した。それだけでもめずらしい人だ。酒は一滴も口にしない。お茶屋へ上っても煎茶とお菓子で通す。遊びの名人でもある」。この「名人」が競輪に結びつくと見たい。小津映画のキャメラマン厚田雄春は「道楽息子だからドラさんなんてあだ名があった斎藤良輔さん」と言っている（『小津安二郎物語』筑摩書房　一九八九）

9　なぜ競輪と飲酒なのか

世界映画史上の傑作成立に「競輪」への熱中が寄与している。飲酒もからんで、心理学や脳科学などによる分析は私に無縁だし、競輪と『東京物語』との相関については、超自然的なものを私は原則的に受容しないから、真正面から論じるのは気がひける。だが、何かが小津のHeart & Mindを動かしているのではないか、と私は思いをはせる。夏目漱石は『坊っちゃん』や『草枕』を一週間ほどで書き、石川啄木はのちに『一握の砂』に掲載されることになる短歌約二五〇首を三日間くらいでものし、宮沢賢治は一か月で原稿用紙三千枚にも及ぶ童話を生み出したとされる。賢治の場合は日蓮宗への帰依への熱意と合体した創作熱だったのかもしれない。

かくして世界映画史上、決定的に上り詰めた『東京物語』は、小津が競輪にはまり込んだことから、その輝きを一段と増すことになった。ここでのシナリオ執筆と競輪は、弁証法的に止揚されていったとは、いささか言いにくいだろう。飲酒もからんで、もっとどろどろしていて、合理的解明を拒否しているように思える。小津にとって、たぶん、生涯でこのとき一回限りの説明不能な創作力が吹き出たのだと推測したい。半世紀をはるかに超えて、なおもその光を増していることは、『東京物語』がそれだけの力を秘めているということだろう。茫洋としているが、小津日記を再読しての収穫としたい。

あとがき

薄氷を踏む思いで「ポピュリズム」という言葉を使ってきた。「やはり山田洋次はポピュリストであり、大衆に媚びを売る映画人だ」という批判が、待ってましたとばかりに跳ね返ってくるかもしれない。だが、小津もまた真摯なポピュリズム映画の徒であった時代があったと論ずれば、「まさか」という答えが戻ってくるだろう。小津安二郎を孤高の人とする言い方はあっても、「大衆に媚びを売る映画人」と理解する映画愛好家はいないだろうと、自分に言い聞かせた。多くの人が観ていないだろう家城巳代治の『姉妹』を観賞すれば、その家城の映画づくりには、民衆への深い信頼の思いがあるのを見るだろう。よもやそこから「大衆追随」という感想は出てこないはずである。

戦後、豊田四郎＝森繁久彌＝淡島千景の『夫婦善哉』を絶賛して永戸俊雄が書いた文章がある。「荒野に深く根を下した雑草のように生活力の強い大阪女の恋情の激しさと、彼女をたよりに生きる、無邪気な男の弱さを描き、人生の断片を現代的なポピュリズムの精神で画面に出そうとする意図が、観客の心にしみこんで来ると思う。製作者の心と観客の心が、しんみりと触れ合う映画の例である。……映画の存在理由は大衆のための娯楽にあると断定しては、いいすぎかも知れないが、少なくとも、それが大きな存在理由であることに間違いはあるまい」（「映画はいかに作られいかに受け取らるべきか」「キネ旬」№128　一九五五）。ここでの「ポピュリズム」にも、大衆追随の意味が皆無なのは明白である。また白井佳夫が『煙突の見える場所』（五所平之助監督　一九五三）を論じて、「松竹の蒲田から大船を経て身につけてきた日本的な映像表現のポピュリズムと、叙情派的体質を、もう一つ突き抜けたい、という意志がそこにあった」（『黒白映像　日本映画礼讃』）と書いたときも、ポピュリズムは「大衆迎合」ではなく、市井につましく生きる人々に受容される作品という肯定的な意味で使われていると理解したに違いない。

山田洋次は、「大衆に迎合するような」映画作家ではなく、「商業的要素」という制約までも「糧」にして、「大衆にわかってもらえる」「やはり美しい作品をつくりたい」と本気で考えている映画作家だと私は考える。代表作であるシリーズ『男はつらいよ』は、真に大衆の心に届く「美しい作品」だと思う。この『男はつらいよ』が、どのようにして生まれてきたのか、その淵源はどこにあるかを探る中で、フランスのパニョル戯曲が浮かび上がってきたのである。

小津、家城、山田の映画作家としての軌跡をたどったうえで、なおも彼らが「大衆迎合主義者」としてのポピュリズムの徒であると判断されるとしたなら、それは私の立論の弱さであり、説得力がないものであったということである。

一九八一年に山田洋次論を上梓したのが、私の映画論の最初である。二〇二二年の今に続く。四〇余年が経った。振り返ると、小津安二郎、木下恵介、家城巳代治、山田太一を含めて、多くが松竹映画の周辺を考察していたことになる。他に反ファシズムと民主主義擁護の思いで、一九三〇年代のジャン・ルノアールを中心にしたフランス映画と、第二次大戦後のアメリカや、ウィリアム・ワイラー周辺（ヘプバーンやマッカーシズム）のことどもへの興味と関心も強く、それらについても書いた。

だが私は、大学映画研究会に入り浸って映画に魅せられ、教職に就いて、そこから映画史研究、映画評論の世界に入ったわけで、映画業界や映画ジャーナリズムとは無縁なばかりか、アカデミズムの世界とも隔たりがあった。大学生など若者に映画の魅力を二〇年ほど語った時期があったが、映画を学問として捉える視点は希薄だった。映画を緻密に分析的に見るなどという点での研鑽を怠った。映画は楽しむもの、その楽しみから生きる力を得たいとして把握してきた。それが芸術としての映画の根源的意味であるとも理解している。したがって多くの著作活動をしたが、どこかで「研究的」基本を欠いていたと思う。そのぶん、理論では捉えきれない映画の意味や深さや楽しさは追求できたのではないかと思うが。そんな姿勢で生きてきたので、映画研究者として、今も私は傍流である。言い訳になるが、本書も厳密さの欠けるものとならざるをえなかったろう。

加藤周一がいう。「文化とは〈形〉であり、〈形〉とは外在化された精神であって、精神は自己を外在化することにより、またそのことのみによって、自己を実現できるものだ」（『続 羊の歌』『加藤周一著作集14』平凡社 一九七九）。本書は、我流の「自己の外在化」によって「自己を実現」しようとする試みでもある。「自己を実現」するとは、私の場合、小津や家城や山田やチャップリンやワイラーや、その他もろもろの考察をすることのみに収斂できるものではない、とこの半世紀、物書きをしながら思いつづけてきた。ポピュリズムを論じ、解釈をして書き残すことは、私には大事だが、それが自己実現のすべてであってはならない。われら名もなく市井に生きる者が、海の向こうの圧倒的多数の人々をも含めて、つつがなく生きながらえていることができるという世界が確固として存在するとの前提があってこその自己の存在であり、自己実現でなければならないと思うことしきりである。そんな世の中の歩みを確信できたとき、初めて本書は、私自身のものとして有効である。評論し解釈するだけからは何も生まれはしないが、解釈もまた何かを育てる小さい堆肥にはなると信じたい。

「やがて来るに違いないことに対する悲しむべき予感」が私にも少しずつ生まれてくる中で、「芸術は死にいたるまで自らを更新して行くものである」（堀田善衞『ゴヤIV』朝日文芸文庫 一九九四）ならば、もうしばらくの時間はあるかもしれない。

本書に「付論 『東京物語』と競輪」を加えた。小津が、代表作執筆時に「競輪にはまった」ことに着目した研究者は皆無ではないが、それ以上の追究はないようなので、あえて収録した。すでに「歴史」でもある小津だから、ギャンブルやアルコールとの関わりを敬意をこめて書き残しても許容範囲だと判断する。

ここまで「あとがき」をいったん書き上げた直後の二月二四日に、ロシアのウクライナ侵攻が始まり、世界を震撼させた。参議院選挙直前の七月八日には、安倍晋三元首相狙撃殺害という衝撃的な事件が起こった。八月になってからのアメリカ下院議長の「訪台」が、それに対する中国の対応と関わって世界に緊張が走った。

これらの事柄を報道するジャーナリズムの動きには、危惧と不安を感じざるをえない。「〈第二次世界〉戦争中……、私たちの国のメディアは国民に嘘をつき、戦意高揚の宣伝装置と化した。その反省から出発したはずの戦後日本の報道機関が、ロシアによる非道なウクライナ侵攻という〈わかりやすい物語〉を再生産することによって、〈平和を達成するためには戦争も辞さない〉という立ち位置に、いとも容易に転位する事態を私たちは目の当たりにしている」(『世界』「メディア批評」二〇二二年六月号)といわれるが、「平和達成のための戦争」とは何たる形容矛盾であることか。友人からの暑中挨拶状の末尾に「拳を振り上げる前に、どうして対話をしつづけないのか、外交に力はないのか」とあった。生活者の素朴なこの言葉に尽きると感じた。「国連」「核廃絶」「平和条約」という選択肢や努力目標がまずあるのではないか。そして生活の問題、すなわち格差拡大が「自由」であってよいはずがない。宮沢賢治が書いたように「世界がぜんたい幸福にならないうちは個人の幸福はあり得ない」（「農民芸術概論綱要」）、『どうか憎むことのできない敵を殺さないでいいやうに早くこの世界がなりますやうに」（「烏の北斗七星」）という基本的決意をもたねばならないはずだ。

在スイスのロシアの作家ミハイル・シーシキンが書いている。「文学とは、戦争に抵抗するものだ。真の文学は常に、人間が憎しみではなく愛を求めることについて語っている。……戦争が終わり、住宅が爆撃されなくなっても、傷や痛み、憎しみ、悲しみが残る。その時こそ、文化や音楽、文学の力が必要になるのだ。戦争が置き去りにした人々の間の溝を埋められるのは文化だけだ。憎しみは病気であり、文化がその治療薬なのだ」（『朝日新聞』二〇二二年七月五日）。

映画もまた当然に「文化」の中に位置して、時に「治療薬」の役割を果たさなければならない。

小津や家城や山田の創り出す映画が、その思想性や能動性に差はあっても、「人間が憎しみではなく愛を求めること」を志向した芸術的営為であることを私は疑わない。そしてそのためには、「民衆の生活を誠実に暖かく描く」ことを通じて、「さまざまな人たちの合意を形成する努力をおしまない市民社会の成熟を目指す」ことが、ますます重要なのだと確信する。たとえ大きなうねりになる熱量を現時点ではもてなかったとしても、その流れを見守り支持していくささやかな力にはなりうると思いつづけたい。

むろん映画も、文学と同じ役割をもたねばならない。山田作品『キネマの天地』（一九八六）の主人公で、助監督の健二郎（中井貴一）は、学生時代の先輩で、いま思想犯で追われている小田切（平田満）から諭される。次の台詞は、井上ひさし、山田太一、朝間義隆との合作として発表された新潮文庫のシナリオ（『キネマの天地』一九八六）には載っておらず、画面から採録したものである。すなわち、山田洋次が撮影現場で付け加えたものと判断してよかろう。

健二郎「バカみたいな活動写真つくってるんだからなあ。……俺、もうやめようかと思ってるんです。こんな絶望的な撮影所なんて」

小田切「そんな言い方をするなよ。なけなしの財布をはたいて、あの映画を観て泣いたり笑ったりしている大衆に、もっと責任もってくれよ。……どんなくだらない映画でも可能性をもっているはずだぞ。信じろよ映画を、いや活動写真を。すばらしい仕事をしてるんだぜ」

この小田切の台詞は、山田自身の映画への思いであろう。すなわち、映画を信じ、「愛」をこめてのものであるに違いない。

六月一日に東京・松竹本社で開催された「ルブランさんの話を聞く会」に参加した。フランスから来日中のクロード・ルブラン氏の講演「フランス人と寅さん」を聴くためである。私はこのルブラン氏が、『男はつらいよ』と山田洋次の研究者であることを、年明けの頃には漏れ聞いて知っていた（ルブラン氏については「キネ旬」二〇二二年七月下旬号の記事を参照されたい）。氏がフランス語で大著『山田洋次から見た日本』（*Le Japon vu par Yamada Yoji*）を上梓し、昨年末から「パリ日本文化会館」で『男はつらいよ』全五〇作が二〇二三年までの一年半をかけて上映されていることと併せて評判になっているのも承知していた。だから東京まで出かけたのである。

ルブラン氏の講演後、私は氏の前にのこのこと出て行って名前を告げると、「吉村さんですね。あなたの著作は読んでいますよ」との答えが返ってきた。えっ、と私は驚いた。ならばと、「あなたのお国のマルセル・パニョル戯曲と『男はつらいよ』とのつながり等を、一冊の書物としてほぼ書き上げました」と言うと、氏はうなずいてくれたが、他の参会者がやってきたので話は途切れてしまった。

ところが次の日、氏からメールが届いた。流暢な日本文である。概要、次のようなものだった。「会えてうれしかったです。次の吉村著作がパニョルと『男はつらいよ』をつなぐというのは良いテーマだと思います。自分の著作もパニョルには触れています。今回の来日では、『マリウス』と『ファニー』のフランス映画オリジナルポスターを山田監督にプレゼントしました。またあなたとの交流の機会をもちましょう。クロード・ルブラン」。一九三〇年代のフランス映画のポスターを写した写真が添付してあった。

七五二ページにも及ぶルブラン本は、フランス語なので私には読めないが、氏の講演内容のレベルの高さを考えると、山田洋次研究の画期を成すもののように思える。早く読みたいから、日本語訳を急いでほしい。だが同時に、半世紀以上、山田映画を観つづけ、寅さんとはそも何ぞと考えてきた私には、喜びながらも内心いささか忸怩たるものがあることも否めない。ともあれ、これを契機に「日本の山田洋次」が、さらに確固たる「世界の山田洋次」に飛翔する機会になることを切に願う。

国を超え、もっと寅さんをしっかり見てもらいたい。エッフェル塔が見えるところをはじめとして、さらに万里の長城を望む場所、ピラミッドの麓《ふもと》、自由の女神のある街、その他その他、世界中に広がってほしい。そして「そうね、暖かいの。身体の芯から温まるような暖かさ」(『男はつらいよ　寅次郎の縁談』)をもつ寅次郎の心が、ウィーンのドナウ川から「ずーっと行くと、東京湾から俺の故郷の江戸川につながっている」(『寅次郎心の旅路』)ことを確信できるようになりたい。

ルブラン氏の著作刊行を機に、寅さん旋風と山田洋次探究が、日本で、世界で、さらなる広がりと深まりをもつことを心から願っている。

大月書店の木村亮さんにお世話になりました。知り合って十余年、こんなに寡黙な編集者は他に知らないが、理解は深く、仕事は的確、助言は鋭い。記して謝したい。岩間知之さん、小山隆司さん、島田純子さん、西松優さんにも援助していただいた。妻・恭子と娘・なつみの支え、弟・健治の助言にもありがとうを。

二〇二二年八月二七日

著者
吉村英夫（よしむら・ひでお）
1940年三重県生まれ。映画評論家。高校教員、三重大学非常勤講師、愛知淑徳大学教授を歴任。主な著書『ローマの休日――ワイラーとヘプバーン』1991年　朝日新聞社／『一行詩（往信）父よ母よ』1994年　学陽書房／『完全版「男はつらいよ」の世界』1997年　集英社／『山田洋次と寅さんの世界』2012年　大月書店／『伊丹万作とその系譜――異才たちの日本映画史』2015年　大月書店／『ハリウッド「赤狩り」との闘い――「ローマの休日」とチャップリン』2017年　大月書店　ほか

装幀　宮川和夫
装画　福田希美
第Ⅰ部扉　By Xavierd80 - Own work, CC BY-SA 4.0(部分)
第Ⅱ部扉　協力：公益財団法人川喜多記念映画文化財団

『男《おとこ》はつらいよ』、もう一《ひと》つのルーツ
――ポピュリズム映画考《えいがこう》

2022年10月14日　第１刷発行

定価はカバーに表示してあります

著者　吉村英夫
発行者　中川進

〒113-0033　東京都文京区本郷2-27-16
発行所　株式会社　大月書店
印刷　三晃印刷
製本　中永製本
電話(代表)03-3813-4651　FAX03-3813-4656／振替 00130-7-16387
http://www.otsukishoten.co.jp/

ISBN978-4-272-61244-4　C0074 Printed in Japan